名师名校名校长

凝聚名师共识
回应名师关怀
打造名师品牌
培育名师群体

行走在高中历史教学的路上

李荣　迟习军 / 著

吉林文史出版社

图书在版编目（CIP）数据

行走在高中历史教学的路上 / 李荣，迟习军著. —
长春：吉林文史出版社，2024.1
ISBN 978-7-5752-0078-3

Ⅰ.①行… Ⅱ.①李… ②迟… Ⅲ.①中学历史课—
教学研究—高中 Ⅳ.①G633.512

中国国家版本馆CIP数据核字（2024）第048823号

行走在高中历史教学的路上
XINGZOU ZAI GAOZHONG LISHI JIAOXUE DE LUSHANG

著　　者：李　荣　迟习军
责任编辑：梁丹丹
封面设计：言之凿
出版发行：吉林文史出版社
电　　话：0431-81629359
地　　址：长春市福祉大路5788号
邮　　编：130117
网　　址：www.jlws.com.cn
印　　刷：北京政采印刷服务有限公司
开　　本：170mm×240mm　1/16
印　　张：14.5
字　　数：220千字
版　　次：2024年1月第1版
印　　次：2024年1月第1次印刷
书　　号：ISBN 978-7-5752-0078-3
定　　价：58.00元

作为本书的作者之一，我已在高中历史教学一线拼搏奋斗了33年，也快到退休的年龄，总想在退休前把自己多年来在教育教学中的所得所失、所思所悟整理、记录下来，一方面为自己的教学生涯留下一份资料，另一方面更想为年轻教师的专业成长提供一些借鉴。这一想法得到了历史教研组长李荣老师的大力支持，为此，经过一年多的努力，我们终于把这部书稿呈现出来了。

本书的文稿主要来自我们近些年撰写的一些教学论文和教学设计，有些文稿曾在各级各类论文或教学设计评选中获奖。主要内容既包括我们在多年教学实践中如何引导学生充分利用教材目录，以帮助学生构建完整的知识体系；如何组织开展史料教学，以培养学生的史料实证学科核心素养；如何灵活处理课堂教学中的随机问题，以突出学生在学习上的主体地位；如何开展好课前两分钟活动，以提升学生学习历史的兴趣；如何引导学生根据历史背景推导出重大改革内容，以增强学生的逻辑思维能力等在课堂教学上的反思和方法，还包括我们针对如何制订行之有效的学习计划、培养良好的学习习惯、做好考后诊断分析、提高备考复习效率、活学活用地图、扩展作业范围等方面提出的学习方法和建议。同时，我们还提供了自己在学校举办"校园百家讲坛"、组织教研活动、开展课程思政探索以及不同版本教材下的教学设计案例，试图以此体现我们在专业成长道路上的积极探索和不断努力。

我们工作的学校昌吉回族自治州第一中学，始建于1955年，是新疆维吾尔自治区人民政府首批命名的全疆10所重点中学之一，自治区首批"示范性普通高中"学校，2017年被评为"全国文明校园"。这所拥有近70年建校历史，文化底蕴和人文情怀深厚的学校，是我们实现人生理想和专业成长的家园。在本书写作过程中，我们得到了学校领导和教师的大力支持，这也是我们能够完成本书撰写任务的精神力量。

作为高中历史教师，我们先后担任过学校的历史教研组长和自治区、州级工作室的主持人，带领团队成员在集体备课、课堂教学、备考复习、论文撰写、课题研究、开展联合教研活动、送教下基层等方面进行了积极的探索和努力，并取得了一定的成绩，得到了广大师生的认可。这些都将成为我们今后继续奋斗、不断拼搏的强大动力。我们会继续带领团队在"三新"背景下，认真钻研教材、研究高考，为推动新疆地区教育发展作出贡献。

迟习军

2023年8月20日

第一章　教学方法

第二章　学习方法

第三章　教学反思

第四章　教师成长

第五章　教学设计

第一章

教学方法

历史教学从关注学生自身发展做起

如果有人问：中学历史教学的最终目标是为了"读史明智"还是考试得高分呢？我想大多数教师肯定会毫不犹豫地选择前者。但如果接着问：你在课堂教学中正在做的工作又是为了什么呢？我想大家又不得不承认是后者。为什么我们都知道读史可以使人明智，服务人生，但现实中却被纠缠在分数中不能自拔呢？答案是不言而喻的。明确历史教学的最终目标固然重要，但如何在课堂教学中朝着目标迈进，并做些实实在在的工作和努力，应该是我们探求课堂教学实效性的关键一步。为此，我给自己的课堂教学定的最初目标是：历史教学一定要从关注学生自身发展做起。

一、教师要了解学生心目中最佩服的老师是什么样的

在日常教学中，为了更好地了解学生的所思所想，关注他们的自身发展，我经常找学生谈心，和他们交流"你心目中最佩服的老师是什么样的"这个话题。一位学生用敬佩的口气谈到他的小学数学老师。这位老师最让他佩服的是：课堂上，如果有一个问题学生没搞清楚，她哪怕这节课不往下讲了，也要组织大家讨论，直到把问题弄明白为止。接着，他用气愤的口气说到他最不喜欢的一位老师：上课只知一味地完成预定教学目标，一旦遇到学生难以理解或提出异议的问题，不是用"由于时间关系，我们以后再讲"来搪塞，就是用"这个问题有一定难度，考试不会考，大家不用掌握"来回避。他觉得老师的搪塞、回避，其实是对学生不尊重和不负责任的表现。听了他的话，我就想，我的课堂教学是不是也犯过类似错误？虽然以前遇到学生感兴趣的话题，我也

"牺牲"过一两节课和大家讨论，但感觉做得还不够。从那以后，我就特别注意这个问题。

有一次，讲到南京大屠杀等日本侵华罪行时，一位学生问："为什么影视片中的日本人看上去彬彬有礼，可在战争中他们却如此残忍？"要是以前，为了不影响教学进度，我会敷衍地解释一下，但这次我就让学生先谈谈自己的看法。有的学生谈到了日本的"武士道精神"，有的认为是日本侵略者由于遇到中国人民的强烈反抗而采取的报复手段等等。等大家都说完了，那位提问的学生才举手发言。他站起来并没急于表明自己的观点，而是连珠炮般地向全班发问："你们中有敢杀人的吗？请举手。"（学生无语）"有敢杀鸡的吗？"（有几个举手的）"有敢踩死蚂蚁的吗？"（全班举手）接着他发表自己的见解："这就是问题所在。日本文化属于火山文化，这种文化的一个明显特点，就是对不如他们的弱者表现出一种强烈的蔑视。当时的日本就把中国人称为'东亚病夫'，当他们极端看不起我们时，就根本没把我们当成是与其同等的'人'来看待，所以才表现得如此残忍。希特勒鼓吹'种族优劣论'而大肆屠杀犹太人也出于同样的道理。所以，我们现在不能只是一味地谴责日本的侵略行径，而应该好好反思，怎样使我们的国家真正强大起来，彻底摆脱外人的欺辱，才是问题的根本所在。"

他的这番话让学生在谴责日本侵华行径的同时，也来关注自身应该怎么做，并试图通过自身的努力来寻找解决问题的根本办法。学生在这个过程中不自觉地受到了深刻的爱国主义教育，这比教师泛泛地讲大道理的效果要好得多。同时，我注意到课堂上学生之所以会提出一些让人猝不及防的问题，除了他们想寻求答案之外，更多的是他们想表达自己的独特见解。此时，教师一定要给他们创造机会，让学生思维的火焰、智慧的火花在师生的交流、讨论、争辩中迸发出来。因为中学历史课堂教学的实效性，就是在教师传授知识的同时，伴随着学生对问题的理解和思考，并在完成对所学知识扩展、迁移的过程中将其融会贯通，最终变成对自己的人生有借鉴和指导意义的感知和体悟。

二、教师要知道学生到底喜欢什么样的中学历史课堂

通过和学生谈心、交流，我发现大多数学生喜欢在历史课上听到有趣的故事。既然学生喜欢听故事，教师就该尽量满足他们的需要，并尝试用这种方式来实现教学目标。为了尽量不耽误上课时间，我就充分利用课前两分钟，先从自己最感兴趣的《希腊的神话和传说》讲起，通过加工使故事线索更加简单、明了，并努力贴近学生实际，争取对他们有所启迪。

有一次，我听班主任讲到学生的"早恋"现象让他头痛。当时正在上映《特洛伊》，我就给学生讲了导致特洛伊战争的《金苹果的故事》：由于海洋女神的婚宴上没有邀请纷争女神，她就不请自来，并带来了上面刻有"赠给最美女神"的金苹果。天后赫拉、智慧女神雅典娜、爱神维纳斯都认为自己是最美女神，故而争吵起来。宙斯就让她们去请人间最美的男子——特洛伊王子帕里斯去评判。为了得到金苹果，赫拉许诺让帕里斯拥有财富和权力，雅典娜许诺让他获得无上的智慧，维纳斯许诺让他娶到人间最美的女子为妻。

讲到这儿，我先让大家猜猜最后帕里斯把金苹果给了谁，然后我问："帕里斯把金苹果给了爱神。如果是你，你会选择给谁？"我想大多数学生肯定会说给智慧女神，但没想到他们大多选择了给天后赫拉，他们觉得人拥有财富和权力才是最实惠的，还有些学生讥讽那些选择给智慧女神的学生虚伪。

这时，一位学生说他要把金苹果给爱神，顿时引来哄堂大笑。我以为他会不好意思，谁知他理直气壮地表明自己的理由："我相信凭自己的能力，好好学习，就可以获得智慧，有了智慧就能挣到足够多的钱并进而拥有权力。但我没把握让人间最美的女子爱上我，人常说'强扭的瓜不甜'嘛！所以我才把金苹果给爱神。"他一说完，大家不但没有再笑他，反而真诚地鼓起掌来。又有一位学生说："金苹果给谁要看在人生的什么阶段。当我们长大要成家时，就应该选择爱情；如果是在而立之年或年老体衰时，就该选择权力或金钱。但现在我们还是学生，学习是最重要的任务，所以应该毫不犹豫地选择智慧。"我让学生举手表决他们赞同上述哪种观点，结果大多数表示赞同最后那位学生的观点。

在课堂教学中，学生会从自己的角度思考问题，他们的见解不乏创新之处，让人意想不到，但也会有一些不成熟、模糊，甚至错误的想法。教师应该让学生将真实的认知过程展示出来，并尽量引导学生的思维朝着有益于他们今后人生发展的方向拓展，最终让他们做出正确的判断和理智的选择。这应该是中学历史教学追求实效性的目标之一。

为了培养学生的"爱祖国、爱家乡"的观念和环保意识，我还利用新疆丰富的考古资源，整理出集知识性和趣味性于一体的系列故事，如《小河墓地的惊世再现》《古墓沟太阳墓地》《神秘莫测的楼兰古国》等。当我讲到声势浩大的太阳墓葬由完整的圆木呈放射状层层展开，仅现已发现的7座墓葬所使用的成材原木就达一万多根时，学生不由自主地发出了惊呼；讲到小河墓地上由完整的胡杨木制成的难以计数的船形棺板覆盖了整个沙丘时，学生连连叹息。后来，学生自发组织起"绿色阳光协会"，为保护校园和周边环境做着自己的努力。这一做法得到当地环保局和团委的一致肯定，并在很多学校推广。现在想来，我当初给学生讲故事，只是为了满足大家的好奇心，没想到却意外收获了这么多沉甸甸的果实。

三、教师关注学生自身发展要努力培养其创新意识

为了培养学生的创新意识，我经常把自己平时看到的一些好文章拿来与大家分享，一些有困惑的问题也一起讨论。学生的创新意识时常会点燃我的思维火花，我再把这"星星之火"还给学生，让它燃成"燎原之势"。

我曾在《中国教育报》上看到一篇文章，提到剑桥大学的入学面试题：现在的生物进化为什么没有进化出轮子来？我觉得这个问题很有意思。因为文中没有答案，课前两分钟我就把问题抛给了学生。一位上课不是满脸茫然就是睡眼迷离，从不认真听讲的体育特长生一下子变得生龙活虎起来，主动举手发言。他自信地说："那是因为环境没有迫使我们长出轮子，如果环境需要，我们一定可以进化出轮子来。"为了证明他的观点，他举例说："长颈鹿为了吃到高处的叶子，脖子便不断伸长并长长，这就是生存环境逼迫的结果。而古猿如果进化出轮子，就不方便上树摘食果子，它就有可能饿死。因为进化是一个

渐进的过程，如果开始没朝着圆形方向发展，后来就不可能进化出轮子来。"他一说完，马上就有学生反驳道："只会上树吃果子的绝不是最终进化为人类的猿，因为古猿的食物不会这么单一。"就这样，不断有学生说出自己的观点，又不断遭到别人的反驳。

我下课上网一查才知道，关于动物为什么没有进化出圆形行走器官的问题，是生物学中至今没有解决的被称为RRR级的难题。原因就是它的解释看起来简单，可是每一种解释假说都可以找到理由去反驳。更让我吃惊的是，科学家们推测的几种观点，学生大都说到了。当我把网上查到的结果告诉学生时，更进一步增强了他们的自信心及探求知识的自主性。

四、教师关注学生自身发展的同时还要关注他们的个体差异

反思自己的课堂教学，我发现有些学生上课之所以昏昏欲睡，不用心听讲，是因为我没有针对学生的个体差异来组织教学。以后课堂提问时，我就特意关注那些成绩不好或注意力不集中的学生。

比如在《戊戌变法》的课堂教学中，关于强学会我讲了一个故事。当时李鸿章派儿子李经方拿了三千两的银票赞助强学会，哪知强学会的人反对收李鸿章的银子，说："投降派的银子不能收，不然强学会便成了卖国会了。"强学会的提调陈炽便冷着脸，将银票掷还李经方，说："本会名声要紧，恕不能收你家的银子。"然后我问学生："李鸿章捐的银子该不该收？"对于这样简单的问题，以前我是不会提出的。这次专门提出，就是想关照那些学困生，以提高他们的听课兴趣和注意力。学生中有主张不该收的，原因就在于李鸿章因签订《马关条约》而名声很臭，主张变法的大都是爱国青年，收李鸿章的钱会打击他们的热情。还有的学生认为李鸿章代表地主阶级利益，他并不是真心支持变法，让这样的人混进来，会阻碍变法进程。我发现持这种观点的学生大都上课认真听讲，思维严谨，讲的观点也有理有据。另一些学生则喊道：不收白不收！我观察到那些平时上课注意力不集中或成绩不太好的，大多持这个观点，其中那位体育特长生叫得最欢。我不由得皱了皱眉头，但又想，说不定人家是经过深思熟虑的，我就叫他说说自己的理由。他站起来从容地分析道：由于当

时中国资本主义经济发展有限，资产阶级力量本来就弱，应该找一个强有力的靠山来支持变法。李鸿章作为晚清重臣，他的话会对慈禧太后产生影响，而拒绝他的钱就等于把李鸿章推到了维新派的对立面。我没想到他的回答这么有见地，为了鼓励他，我马上补充材料以表示对他的支持：李经方回报其父后，李鸿章勃然大怒："诸小儿敢如此羞辱于我，我现在虽走霉运，但要搞垮强学会，易如反掌！"我一说完，一种由衷的自豪感不由自主地流露在那位学生的脸上。我马上趁热打铁，进一步说：现在一种新的史学观点就认为，戊戌变法的失败不是因为资产阶级维新派的保守，而恰恰是因为他们太激进了。他们在短短三个月内连续发了近三百道法令，暴风骤雨式的改革，使得本无威望、无经验、无实力的维新派把渐近改革的张之洞和有限支持改革的袁世凯等人推到了保守派的一边，从而直接导致这场变法运动的失败。

那位学生没想到自己的见解会与最新史学观点一致，自信心更足了，以后的历史课上再也看不见他昏昏欲睡、无精打采的样子了。以前课堂上我也常给学生介绍一些史学新观点，但因为理论性强，有的还与教材内容冲突，学生不能真正理解，甚至产生误解。但这次是由学生的回答自然引出，既肯定了学生，又介绍了新的史学观点，所以课堂效果出奇的好。

从教以来，我连续十多年带高三毕业班，学生的学科高考成绩每年都在本地区名列前茅。我一直以为，只要学生能考高分，就是尽了自己做教师的职责，教学中的一切努力都是在寻求一条通向高分的捷径。但扪心自问：自己除了教给学生考高分的方法外，学生在我的课堂上有没有学到有益于指导他们人生道路的知识？看来自己在教学中还是有些急功近利，片面追求考高分，而忽略了教育的终极目标。近几年，全国范围内的"历史课堂教学有效性"大讨论正在如火如荼地进行，关注并参与这个讨论的过程，也是对自己二十几年历史教学反思的过程。自己的教学哪些努力是朝着这个方向走的？哪些做法偏离了这个方向？怎样才能结合自己的特点与学生的实际，使历史教学朝着有益于学生自身发展的方向转变？这样思考并努力尝试转变的过程，也是自己寻求接近历史教学终极目标的开始。希望在这个目标的指引下，通过注重历史课堂教学的实效性，广大师生可以获得更多受益终身的历史感悟和人生体验。

回归历史，释读历史

——运用史料架起沟通古今的桥梁

一提到历史，人们自然会想到"读史使人明智"的哲言。马克思也说过：历史有时有惊人的相似之处。可见历史对后人的借鉴作用是很大的。但在中学教学实践中，很多学生把学习历史看作是记忆大量的年代、事件、人物等，掌握教材中对事件前因后果的现成分析以及总结好的历史意义。他们的真实体会就是只要下功夫去背，就能考出好成绩，就算学好了历史，也很少有学生自己去对历史事件、人物进行总结、分析。这样的学习，很难让他们真正体会到"读史使人明智"的乐趣。

在目前实施素质教育和大力倡导自主学习的形势下，历史教学也应该有一个大的改进。很多教师在这方面做了很多尝试。在具体的教学实践中，我认为紧抓历史史料对开拓学生的视野，培养学生的创新能力及分析问题、解决问题的能力应该是一种捷径。现在的新教材就在这方面做出了尝试，补充了大量的史料，这为我们的历史教学提供了很大的便利。作为历史教师，我认为运用史料进行教学还有很大的潜力可挖。下面就谈谈我是怎样运用史料进行历史教学的。

一、史料的选择要典型，有一定的针对性，最好能围绕一个主题或一条主线展开

用原始史料引发学生的好奇心和求知欲，让学生产生疑问，再让学生自己

从史料中去寻找答案。这就改变了过去只是单纯地把现成的答案灌输给学生的做法，有助于培养学生分析、推理、归纳等多方面的能力。同时，他们会对自己的成就感到自豪，一种自发的学习兴趣就会油然而生。历史教学中，只要让学生产生兴趣，让他们去思考，教学就算成功了一大半。下面就以美国内战为例谈一谈这种方法的具体运用。

美国内战中，林肯政府对黑人奴隶制的态度是战争转折的关键。教师应抓住这一条主线来选择史料，引导学生自己去得出结论。

材料一：

奴隶制是建立在人性中的自私自利上面的，是与人热爱正义的天性相违背的。

——林肯在1854年的一次演说

材料二：

"分裂之家不能持久。"我相信我们的政府不能永远忍受一半奴役一半自由的状况。我不期望联邦解散，我不期望房子崩溃，但我的确期望它停止分裂。它或者将全部变成一种东西，或者全部变成另一种东西。

——林肯1858年同道格拉斯竞选总统时《家庭纠纷》的著名演说

材料三：

我们认为奴隶制是道德上一个极大的错误，尽管并不要求有权在它存在的地方触动它，但希望在我们的选票所能及的各州内当作一个错误对待。我们认为由于对我们自己尊重，对后代和创造我们的上帝负责，需要我们在我们的选票所能及的地方纠正这个错误。我们认为那种性质的劳动会损害自由白人。总之，我们认为奴隶制是道德上、社会上和政治上的一个祸害，之所以还要忍耐，仅仅因为它的实际存在使我们必须对它忍耐，越出这个范围就必须把它当作错误对待。

——林肯1860年3月在康涅狄格州的演说

材料四：

我在这场斗争中的最高目标是拯救联邦，而既不是保全奴隶制，也不是摧毁奴隶制。如果我能拯救联邦而不是解放任何一个奴隶，我愿意这样做；如果为了联邦而必须解放所有的奴隶，我愿意这样做；如果为了联邦需要解放一部

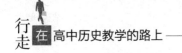

分奴隶而保留另一部分，我也愿意这样做。

——林肯1862年2月给霍勒斯·格里利的信

从这四则材料中，学生可以很明显地看出林肯在内战前后对奴隶制态度的变化及其原因。从材料一、二、三（内战前）中，可以看出林肯本意是反对、痛恨奴隶制的，但他认为为了联邦的统一，只能在一定范围内限制奴隶制。材料四（内战后），作为总统的林肯更加明确强调，维护联邦的统一高于一切。学生可以从材料中对林肯政府就奴隶制的态度问题做以客观的评价，这就避免了以往书本上对这一问题的单一评价："林肯对奴隶制的温和态度，反映了北方资产阶级对待奴隶制的妥协立场，反映了林肯这个资产阶级政治家的阶级局限性。"

为了深入引发问题，教师可以进一步启发学生：尽管林肯政府对奴隶制的态度比较温和，但南方种植园主还是不领他的情，首先挑起内战，这是为什么呢？在学生众说纷纭时，教师出示当时曾任路易斯安那州的参议员朱达·本杰明的一句话："你们虽然保证不用武力杀死或毁灭我们的制度，但却模仿拉达米斯塔斯（希腊神话中宙斯与欧罗巴所生之子）的教义，你们拥抱我们只不过是为了闷死我们，你们不打算把树砍掉，只是打算剥去一圈树皮，于是树便死了。"通过对这段材料的分析，学生自然就会明白主张限制奴隶制的林肯当选为总统后，必将行使总统的权力，反对奴隶制的扩张，这就等于用温和的方式消灭奴隶制。而南方种植园主也很清楚地看到了这一点，为了不被表面温和的拥抱闷死，南方首先挑起战争是必然的。

接着教师出示书上美国内战初期南北双方力量对比表：

项目	北方	南方
州数	23个	11个
人口	2200万	900万（其中400万黑人奴隶）
工业生产占全国总数	92%	8%

教师提出问题让学生思考：为什么明显处于弱势的南方敢于首先挑起内战？把上一个问题深化，继续引起学生思考。

教师没有出示材料前，学生一般会继续上面的话题，或用书上的话，比如"南方准备充分"等。教师："如果是你，在这样悬殊的力量对比下，没有必胜的把握，你会仓促发动战争吗？"在学生激烈讨论时，教师再加一句话："想一想，南方手中是否有一张必胜的王牌？如果有，它是什么？"这样可以引起学生的好奇和猜测。然后出示当时南方一个叛乱头目本杰明·希尔的话："我们所指的是那一根小小的细弱的棉线，一个小孩子就可以弄断它，但它却能够把世界绞死。"学生顿悟：原来南方种植园主手中的王牌就是"棉花"。教师再让学生看书上关于南北双方在内战前围绕原料、市场、劳动力争夺的矛盾。学生会很自然地明白，南方把棉花等原料运往英国，又从英国输入大量工业品，使北方失去了南方这个广阔的原料产地和商品市场，而当时正在进行工业革命的英国，一旦失去美国南方的原料，它大规模使用机器生产的棉纺织业就可能瘫痪，这样英国很可能走上武装干涉美国内战的道路。

分析到这，学生马上就会产生疑问：后来英国为什么没有干涉美国内战呢？教师让学生在看书的基础上，出示当时美国驻马德里大使舒尔茨劝说林肯政府尽早颁布《解放黑人奴隶宣言》时说过的一段话：

欧洲舆论马上会强烈地、一面倒地同情我们，以至于……没有一个欧洲政府会敢于借宣言或行动置身于一个受世界谴责的制度那一面的。

并让学生看书上林肯政府颁布的《解放黑人奴隶宣言》的材料：

1863年元月1日起，凡在当地人民尚在反抗合众国的任何一州内，或一州的指明地区之内，为人占有而做奴隶的人们都应在那时及以后永远获得自由；……

分析舒尔茨的话时，可以让学生联系当时大的历史背景：1848年欧洲革命结束，维也纳体系瓦解，19世纪中期，继英国完成工业革命后，法、美等国工业革命也相继完成，资本主义发展如滚滚洪流，势不可挡。林肯政府在这时颁布的《解放黑人奴隶宣言》，向全世界表明在美国发生的这场内战，北方是为了发展资本主义，是顺应历史潮流的正义的一方，而南方却是为了维护奴隶制，是逆历史潮流而动的非正义的一方。在这样的历史潮流面前，英国也不敢冒天下之大不韪，最终放弃干涉美国内战。这样就有助于让学生借助材料，开阔思路，培养学生分析问题、解决问题的能力。

最后，让学生联系有关材料及课本上的内容对林肯作出客观的评价。学生可以从上述史料中看出，在美国内战中，解放黑人奴隶和维护联邦的统一是一对矛盾，但林肯最后既解放了黑人奴隶，又维护了联邦的统一，并为此献出了自己的生命，所以他是一位伟大的总统。讲到这，教师再出示马克思对林肯的评价："他是一位达到了伟大境界而仍然保持自己优良品质的罕有人物。这位出类拔萃和道德高尚的人竟是那样谦虚，以致只有在他成为殉道者倒下去之后，全世界才发现他是一位英雄。"这样学生就可以根据自己的分析，对林肯有一个全面的、客观的认识和了解。

二、史料的选择要有一定的目的性，有助于学生对课本知识的理解

中学历史教学本身就存在着内容多、课时少的矛盾，如果教师泛泛地去收集史料，反而会加重学生的负担。上课时，教师可以就课本中没有讲清楚或讲得不具体的地方补充材料来进一步说明，让学生加深认识和理解。

比如，关于俄国1861年改革，课本在分析了俄国落后于西欧的原因以及克里米亚战争的失败激化了俄国社会矛盾后，得出结论：统治者为了缓解统治危机，不得不进行一场自上而下的改革，课本对"不得不"这三个字没有作过多的解释，而对这三个字的理解在本课学习中又非常重要。

补充材料：

沙皇亚历山大二世曾说过："我不愿农民过得优厚，但我要防止俄国暴动。我认为，我们把农民和土地割裂，就会点燃俄国。""假使要我签字连同土地一起解放农奴，我宁肯把手指砍掉。"

再出示书上的史料：

与其等农民自下而上地解放自己，不如自上而下解放农奴。

——亚历山大二世

这样补充的史料与课本史料相结合，学生从史料中会很容易明白亚历山大二世为什么会"不得不"自上而下地解放农奴，并有助于学生理解为什么俄国

1861年改革中要农奴出高价赎买土地，还可以根据材料对亚历山大二世作一个客观的评价。

在学了美国内战和俄国1861年改革以后，通过对林肯和亚历山大二世的评价，教师可以让学生谈一谈，在历史的舞台上，将来自己应该成为一个怎样的人？如果学生能从这二位历史人物身上知道，在人生的舞台上，关键的时刻即使做不了一个像林肯那样自觉自愿地顺应历史潮流的人，起码也要像亚历山大二世那样，当自身利益与历史潮流相矛盾时，知道只有牺牲自己的某些利益顺应历史潮流，才能从根本上维护自身利益。那同学们也就在不知不觉中成了一个明智的人。

三、鼓励学生自己寻找史料，平时就处处留心、收集史料

在课堂教学中，教师可以让学生就自己掌握的史料谈一些自己的看法，培养学生不唯书、不唯师、不唯上的精神。学生也可以根据自己找的史料写一些有自己独特见解的历史小论文，或学会为了写历史小论文而知道去哪里找相关的史料。如果在中学阶段的历史学习中能坚持这样做，学生的能力自然会达到一个很高的水平，而且他们锻炼的也不仅仅是历史学习的能力。

在教学中，我就是这样运用史料进行具体的教学实践的。我最初运用史料进行教学是考虑到历史是已经逝去的过去，是昨天的现实，今天又将是明天的历史，历史学对于历史永远是一条渐近线，所以历史知识或多或少受人的主观认识的限制。试想如果我们所学的历史结论和事实有出入，甚至是对历史的歪曲，可能学史不但不会对我们有好的地方，反而是有害而无益的。但如果我们在历史教学中，运用原始史料进行分析、总结而得出结论，这就增强了历史学习的可信度。同时，我们可以把自己的观点和教材中的观点相互印证，当两者不一致时，可以让学生保留自己的观点，或让学生展开讨论，真理在争辩中自然就会明了。

现在就有人提出，教材不应该称教材，而应称读材，课本是让学生阅读的，而不是教给学生的，其意图就是让学生自己去领会、学习，自己得出结论。历史史料在这方面为学生提供了很大的空间，学生可以在史料的大海中去

畅游、探索。我想，如果能长期坚持以史料为主的教学，用活生生的史料来引导学生学历史，让学生回归到历史的现实中，并站在当今社会的角度去释读历史，学生自然就会从这样的历史学习中得到借鉴，去指导自己的人生之路，他们就会在不知不觉中成为一个明智的人。

怎样处理课堂教学中的随机问题？

新课程改革注重体现学生的主体地位，这就要求教师设法调动学生学习的积极性与主动性，让课堂成为展示学生观点的精彩舞台。在实际教学过程中就会出现这种情况，在教师的鼓励下，学生敢于大胆质疑、诘问，因此课堂中生成的随机问题大量涌现。面对这些问题，教师在处理时一定要多动脑筋，巧妙应对，否则就会挫伤学生学习的积极性和主动性。在历史教学过程中我会根据学生提出问题的不同，采取不同的方式进行处理。

课堂上，面对学生提出的一些课本涉及但没有明确说明的问题，比如，联合国安理会五个常任理事国都有一票否决权，而苏联反对美国出兵朝鲜，为什么美国仍能以"联合国军"的名义出兵呢？中国政府抗美援朝明明派的是正规军，为什么要用"志愿军"的名称？这类问题属于知识性的问题，一般我会直接回答学生，只要教师平时多看书、钻研教材，备课时多留心，应该是不难回答的。对一些记得不是很清楚或有争议的学术问题，我会和学生一起去查资料，然后汇总材料，找出答案。这样不但培养了学生的动手能力，无形中也告诉他们，对一些自己不了解的问题，其结论一定要建立在可靠的历史史实的基础上，同时也可以使他们从中了解更多的史学新动态。无论问题是什么，最终一定要给学生一个交代和说法。

但有时学生会提一些让教师料想不到的问题，如为什么日本有侵略本性，而我们就没有？从影视片中看到的日本人都谦和礼让，为什么在战争中却那么残忍？

对于这类问题，教师就不能单纯用历史知识来解答了，因为有的问题本身就没有唯一的答案。我一般会先听听学生的见解，然后引导他们得出正确的结论，或对他们的结论进行总结提升，使学生对问题有一个比较全面的认识。

比如，在讲到"九·一八事变"爆发的根本原因是日本的侵略本性时，下面就有学生问为什么日本有侵略本性而我们就没有？以前也遇到过学生提出相似的问题，我只是做个简略的回答就过去了。这次我没有简单处理，而是顺着学生的思路问："是呀！设想一下，如果我们也有日本这种侵略本性，那么在我们强大的古代，早把日本吞并了，还会等到现在他们来打我们？"然后我把这个问题抛给学生，想听听他们的见解。

学生们谈到日本走上资本主义发展道路后，经济快速发展，但国土面积小，资源匮乏；明治维新不彻底，保留大量的封建残余以及日本的武士道精神；还有的学生从日本民族的危机感很强出发，认为这也是他们产生侵略本性的原因之一；有的还谈到日本处于环太平洋地震带，地震海啸不断，自然灾害频繁，这更加增强了他们的民族危机意识，而同样是东方国家的中国地大物博，就缺少这种危机感。

受学生思路的启发，我重新设计了这一课，在给别的班上课时我就以日本频发火山地震为突破口，从日本的民族危机感出发，先给学生放了《大地震》片段，让学生感受、体验地震给人们带来的那种强烈的危机感，并让学生看完后大胆地说出那种生命受到威胁时的感受。接着，我设计了一个问题：我们平时遇到危机时，也会多方寻找摆脱危机的出路，你认为日本通过发动战争来转嫁危机的办法可不可取？对此学生思路开阔，思维活跃，他们从亲身感受中说出了自己的真实想法：有危机感是应该的，而且是难能可贵的，但如果不是积极地从自身出发寻找解决危机的出路，而是像日本军国主义那样通过发动对外战争的方式来转嫁危机，到头来只会自食其果。学生们深切体会到危机对一个国家的发展如此，对个人的成长也是一样。通观这节课的教学过程，学生或探究，或辩论，或深思，他们的学习兴趣浓厚，发言积极，讨论热烈，置身于这样生动活泼的课堂气氛中，看不到失败者，也看不到被遗忘的角落。

随着社会主义民主法制的健全，民主氛围的浓厚，在开放的课堂上，学生甚至会大胆提出一些让教师始料不及甚至尴尬无法回答的问题。比如我给学生分析中共在国共十年对峙、抗日战争、解放战争等不同时期的土地政策后，就有学生举手发言。以前在碰到这类敏感的问题时，教师或避而不答，或直接进行反驳，说是反驳，其实也就是变相地把上题中的答案重复一遍，并没有正面回答学生的问题。在新课改理念下，教师意识到这种做法的弊端，虽然改变了方式，会间接对学生的这种质问给予表扬，但同时"顾左右而言他"，最终巧妙地转移话题。其实教师这种含糊其词的做法对学生的学习积极性是一种很大的打击，而且对教师的解释学生从内心也不一定认同。但说实在的，这类问题教师还真不好正面回答。我的做法是把"皮球"再踢给学生，让他们去争论。后来男女生自发地形成两派，进行辩论，而我就变成了主持人。男生们举了大量的事实反驳，并上升到哲学的高度：决定事物发展方向的是矛盾的主要方面。女生们认输。虽然最终结果和教师直接反驳一样，但因为这是由学生争论而得出，所以此时的课堂成为展示学生思辨能力的精彩舞台，课堂效果完全不一样。

当课堂中学生提出一些教师都难以回答的问题时，这时的课堂教学充满着偶然性、不可预知性，同时也存在着无限的乐趣，对教师也是一个很大的挑战。教师所要做的，首先要敢于"正视"意料之外的情况，看这些问题是否有助于学生能力的提高。如果答案是肯定的，即使偏离教师原来设计的教学目标，也要跟着学生的思路走。其次要随着课堂教学情景的变化及时调整教学的目标、内容，给学生足够的时间展现他们的思维过程。在这个过程中教师既不能图省事又不能走形式，而要追求课堂教学的真实自然。最后，教师在课前、课堂和课后，不应只把自己的心思放在教材、教参和教案上，而应更多地放在研究学生、倾听学生和关注学生上。对教学过程中可能出现的一些随机问题也不一定非要给予非此即彼的准确答案，因为有些问题并没有唯一的答案；有些问题可能需要教师和学生用一生去探求寻找答案。当然，面对大是大非的问题，教师一定要对学生进行正面的引导，培养他们健康、积极、乐观向上的人

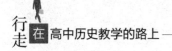

生观和价值观。

新课程改革下，需要的课堂教学过程是学生和教师之间相互配合、相互补充、共同提高的过程。这就要求我们不断地为课堂教学注入平等、和谐、民主、宽松的活水，让师生在活水中畅游。

以"变"求生存，以"变"求发展

——一节"诱思探究"公开课给我的启示

张熊飞教授的"诱思探究"学科教学论，强调的是教师的引导作用，即在教师的引导下，让学生独立完成思考的过程。这样的过程就是以"诱"达"思"，以"思"达"标"的过程。通过前阶段的学习，我们感觉张教授的"诱思探究"学科教学理论博大精深，体系完整，博采百家之长，特别是一个"诱"字，道出了为师之本。但是要想把他的理论真正运用到实际的教学之中，体现出"以诱达思"，也不是件容易的事情。

之所以会这样，并不是因为这一理论的可操作性不强，而是教师长期形成的教学思维定式难以一下子从根本上转变。就拿我自己来说，前不久讲了一节"诱思探究"公开课——人教版《世界近现代史》上册第三章第一节《工业革命和资本主义经济的发展》。如果按以前的教学设计，我采用的是破解教材标题的步步紧逼：先围绕第三章的大标题给学生讲清工业革命与资本主义经济发展之间的关系，然后抓住第一节的小标题"工业革命"，进行层层破解，步步紧逼。具体设计如下：

先引导学生思考：什么叫工业革命？它的本质特征是什么？呈现出哪些特点？接着从特点中设计下列问题：这场工业革命首先在英国发生的条件有哪些？开始、结束的标志是什么？工业革命的完成对英国社会的发展（从政治、经济、阶级关系、外交政策、思想观念等方面来分析）带来什么影响？工业革命为什么先从棉纺织业开始？条件是什么？它引起其他部门发生了怎样的连锁反应？然后引导学生弄明白这场工业革命从英国扩展到法、美、德、俄、日的情况、特点，并分析各自特点形成的原因。最后给学生讲清楚工业革命对资本主义经济发展造成的影响以及它和资本主义世界体系形成之间的关系。

按照我原来的教学设计，本节内容大概要用二至三个课时。通过这样的教学设计，力图把学生分析问题、解决问题的能力提高到高考要求的程度。但是，这样的教学设计很难真正起到以"诱"达"思"的效果。

为了把课堂教学的主动权还给学生，现在的我在教学设计时，首先把"工业革命的含义、本质特征、呈现出的特点是什么"等问题提出来，让学生看书，然后问学生：对这些问题的理解，你的困难在哪里？比如，有的学生提出对"工业革命的特点"理解不全，我就在黑板上提示：从生产方式、国家地区、行业部门、技术来源等方面来分析。再让学生从提示中看看还有哪些方面理解不到位，然后由教师提醒、分析。至于学生能在书上找到的，如工业革命的含义和特征等内容则一带而过。对后面几个问题的处理我也采用了这种方法。

上完课，我自己觉得还不错，通过教师的"诱"，学生这节课"思"了不少。然后由听课的教师、领导进行评课，没有想到评课时，大部分教师虽对我这节课的教学内容、教学深度给予了充分肯定，但总觉得教师"诱"的还很不够，学生的自主性没有充分发挥出来。甚至有的教师说，这节课其实还是满堂灌，学生并没有真正地独立思考，和以前的教学模式没有什么大的区别。最后教师之间就"学历史是为了考高分，还是如古人所说'学史是为了使人明智'"而展开了争论。一直在一旁听着的校长总结时说："诱思探究"学科教学论是一个完整的教学体系，包括"诱思教学思想论""探究教学过程论""三维教学目标论"，最终实现以"诱"达"思"，以"思"达"标"，这一过程的完成，就是让学生不仅要掌握知识，还要发展能力，陶冶品德。有了能力，高考中一定可以考出好成绩……评课后，我认真思考了很久，认识到自己虽然学习了"诱思探究"学科教学论的理论，其实并没有真正理解它的真谛，我们以前注重的只是"达标"，认为只要教师讲到位，学生就可以考高分，却忽视了让学生独立自主地思考，并真正培养他们分析问题、解决问题的能力，而"诱思探究"学科教学论就是强调以"诱"达"思"（完成明智的过程），以"思"达"标"（考高分）的过程，所以考高分和明智之间并不矛盾，而是相得益彰。

接下来我重新设计了这一节课的教学过程。先引用马克思、恩格斯在《共产党宣言》中的一段话：市场总是在扩大，需求总是在增加，工场手工业再也不能满足这种需求了。于是，蒸汽和机器就引起了工业的革命。让学生自己讨论工业革命爆发的直接原因是什么。通过讨论，学生明白了原来市场的扩大和需求的增加把工业革命提到了历史日程上来，而这一切又和英国通过殖民扩张，18世纪中期成为最大的殖民大帝国有关，并从中理解了为满足人的欲望所产生的巨大动力以及英国资本主义制度的确立为资本家最大限度地满足自己的欲望提供了可能，这就成为英国工业革命的前提条件。然后再引导学生分析工业革命首先从英国开始的其他条件，这样学生就理解了因为当时只有英国具备工业革命的这些条件，而其他国家不具备，所以工业革命首先在英国爆发。

教师再引导学生把这一问题和政治课上讲的上层建筑的反作用力联系在一起，从历史现象中寻找历史规律。最后设计的问题是为什么工业革命扩展到欧美各国而没有扩展到中国？通过讨论让学生从商品经济的开放性和封建经济的封闭性来理解这个问题。工业革命的影响书上总结得比较详细，教师可以引导学生分析工业革命推动了社会生产力的发展，而生产力的发展又反过来最终巩固了资本主义制度，并以此理解资本主义世界体系的最终形成。让学生通过这一节课的讨论，真正明白经济基础决定上层建筑，上层建筑的反作用力这一规律，而起决定性作用的是最活跃的生产力这一因素。这节课我彻底改变了以前的教学模式，在怎样"诱导"学生上下功夫，培养了学生透过历史现象寻找历史规律的能力。虽然课堂上教学容量没有以前大，但学生思维活跃，并从根本上理解了工业革命、资本主义经济的发展、资本主义世界体系的形成三者之间的关系。

通过这段时间的教学实践，我感觉张教授的"诱思探究"学科教学论首先冲击的是我们教师长期以来形成的传统教学观念和模式，一开始真让我们有点无所适从。因为这一"变"，从某种程度上来说，就是对以前教学观念和模式的一种否定，同时这一"变"，也让一些教师认为自己以前教学中的优势"变"没了。而我们最怕的就是这一"变"会影响我们的教学质量、升学率。"变教为诱，变学为思"。一个"变"字，就让我们很难接受。我现在才真正理解了张教授所说的"这也是一场教学的革命"的真正含义。它促使我反思自己，并从中总结出与以前教学的几点不同。

第一，教师课前备课的重点与以前不同。

以前教师备课的重点是放在教材中所涉及的主要内容上。为了突破重点、难点，教师甚至连怎样讲、怎样提问，学生会怎样回答、回答到什么程度，都心里有数。在课堂上如果学生回答的和自己事先备课设计的一致，教师就给予充分肯定；如果不一致，教师再通过一步步地引导，像牵牛鼻子一样，把学生的思维牵回到教师的正确答案上来。这样，在课堂上教师俨然像一位久经沙场的将军，不但指挥着教学的整个过程，同时也指挥着学生的思维。由于教师讲得比较系统、深刻，高考中往往可以考出好成绩。但这样培养出来的不是学生真正的能力。现在教师备课的重点则放在"诱"上，也就是在课堂上怎样充分发挥教师的引导作用，以便突出学生的主体地位，即学生通过独立思考，最终自己得出结论。

第二，课堂教学中的过程与方法与以前不同。

我们以前只是强调教师教学的过程和方法，而现在更强调注重学生的学习过程和方法。在教学中，教师要充分发挥学生的主动性和创造性，善于启发学生，但不能一味地牵着学生走，应该放开手脚，大胆地让学生充分发挥自己的主观能动性，教师要做的是及时发现学生思维中创新的火花，让学生在自主学习的过程中最终构建起自己的知识体系。

第三，课堂提问、讨论与以前不同。

为了让学生充分发挥学习的主动性，积极参与课堂教学，课堂提问环节是必不可少的，也是很重要的一个环节。以往提问是教师的专利，现在可以形式多样，教师可以设计问题，但更应该鼓励学生自问自答。

第四，对教材内容的总结、教学评价与以前不同。

以往对教材内容的总结和教学评价，多是以教师为主，通过教师的课堂小结和课堂练习、课后作业布置等形式完成。在诱思探究的课堂上，对教材内容的总结和教学评价完全可以由学生自己来完成，他们可以通过思维导图设计、知识框架结构整理和自我评价、他人评价等方式完成，教师只需充当引导者、点评者即可。

在目前国际竞争日趋激烈，世界形势瞬息万变的局势下，我们的教育就是要培养能适应这一变化的人才，并在竞争中立于不败之地。严峻的形势迫使我们不得不改变以往的教学观念，并且是不能不变，非变不可。变是生存之本，变是发展之道，"变"教为"诱"，"变"学为"思"，一个"变"字，是我们向"诱思探究"教学实践迈出的第一步。

从感性出发，在历史教学中凸显人文关怀

2015年4月，昌吉州举办了中学历史教学能手大赛。根据教学进度，高中组所选授课内容是人教版《中国近现代史》下册第八章《社会主义现代化建设新局面的形成》中的四节课。从总体上讲本章内容理论性、时代感都很强，如果教师不精心设计和组织课堂教学，从学生的认知水平出发，就会使课堂教学枯燥乏味，学生也不一定能真正理解和掌握所学知识。我们听了十几位参赛教师的课，总体感觉是教学手段比较先进，但教学理念缺乏创新，过分注重了形式上的多样化而忽视了内容上的实用性和深刻性。特别是第三节《有中国特色的社会主义道路》，大多数教师把这节课上成了会议的罗列，缺乏对教材内容的挖掘、反思和整理，让听课的教师都昏昏欲睡。

长期以来，我们陈旧的教学现状就如李惠军老师在他的《我思、我行，故我在》一文中写到的："我们习惯于'邮差式'的教学方式——把所需教的知识内容从教科书、教学参考书上搬到教案上，然后把教案搬到课堂里，再把教案的内容告诉学生，一个教学流程就算完成了……这样的教学，学生不睡觉、不反感、不厌倦，那是'奇迹'，是学生意志品质坚强的结果。"（《中学历史教学参考》2006年第4期）李老师的这段话犹如当头棒喝，惊醒了我们。人们常说"旁观者清"。听完课后，我们结合自己平时的教学实践进行了深刻反思。原来在很大程度上我们日复一日，年复一年地在做着简单、重复的"搬运工"工作，但却总在抱怨学生，认为现在的学生难教，不能吃苦，反思自己才发现问题的所在，并马上付诸行动。我们针对第八章内容理论性强的特点，在教学设计中反其道而行之，从感性出发，以激发学生的学习兴趣，满足他们的

求知欲及凸显人文主义关怀为宗旨，大胆打破教材的框架体系，力图用全新的教学理念来设计此章教学内容。课堂教学实施后，师生都感觉效果不错。

下面就以第八章前两节内容为例，谈谈我们的教学设计和课后反思，与同仁交流，不当之处恳请批评指正。

第一节　伟大的历史性转折

一、把文学作品引入历史教学，凸显历史教学的人文性

（教师引课，首先播放MV《春天的故事》）

师：歌曲中里所唱的"春天"喻指的是什么？

生：改革开放。

紧接着教师又抛出一个问题：春天的前面是什么季节？

生：冬天。

师：那么这里的"冬天"具体指的又是什么？

生：文化大革命。

然后，教师用充满感情的语调说：是啊！在冬天还没有走远，春风刚刚吹起之际，还有一段乍暖还寒时节。大家知道，《声声慢》是宋代女词人李清照的代表作之一，堪称千古绝唱，历来为人们所称道，不知曾感动过多少人。这首词不但情真意切，而且语新意赅，有大量的奇字佳句，"乍暖还寒时候，最难将息"就是其中的一句。这句话本意说的是天气变化无常，忽暖忽寒，使人难以调养身体，而1976年后的两年"在徘徊中前进"这段史实，与"乍暖还寒"的天气是多么相像啊！

接着教师让学生在教材中找出徘徊中有哪些前进的表现。

师：由于邓小平同志的复出和大力整顿，中国社会政治、经济、文化等领域让人们感受到了"柳暗花明"的新希望，但是"乍暖还寒"，中国又出现了"山重水复"的景象。请同学们结合课文内容，再说出"徘徊"的局面有哪些表现？……

师：这种徘徊的局面真的是印证了"乍暖还寒时候，最难将息"！那么请同学们讨论一下：要想走出这种困境，最关键的是什么？由此引出关于真理标

准问题的大讨论。

这样的教学设计，在把文学作品引入历史教学的同时，又把自然现象与历史现象有机地结合起来。上这课时正值四月份，新疆的天气变化无常，学生正亲历着冬去春来，忽冷忽热让身体难以适应的时节，所以课堂上学生热情高涨、高潮迭起。这不但充分发挥了学生的主体作用，使学生体验到了历史学科的"美"，同时还凸显了历史教学的人文性。

二、解放思想，大胆突破重组教材，注重对学生进行人生观和价值观的教育

如分析徘徊中"前进"的原因，这与邓小平的复出和大力整顿密不可分，教师简略地介绍他的三落三起，然后问学生：邓小平人生中的三落是因为他做错了吗？

生：不是，正好相反，是因为他办了好事却被误认为做错了而打倒。

教师接着用充满感情的语气说：邓小平一生遭受这么多磨难，当1977年他以73岁高龄第三次复出时讲过这样一段感人肺腑的话："我出来工作，可以有两种态度，一个是做官，一个是做点工作。我想，谁叫你当共产党人呢。既然当了，就不能够做官，不能够有私心杂念，不能够有别的选择。"然后让学生讨论：西方媒体称邓小平为"打不倒的东方小个子"，那么是什么在支撑着他，让他在一次次被错误打倒后，又一次次顽强地站起来，并一次次冒着风险把自己正确的想法付诸实施？这对你们今后的人生道路有什么启发？

教师充满激情的介绍激发了学生的情感，他们思维活跃，发言积极。最后教师用宋代文学家苏轼的话"古之立大事者，不惟有超世之才，亦必有坚忍不拔之志"和邓小平的"我是中国人民的儿子，我深情地爱着我的祖国和人民"来总结学生回答时已经涉及的内容，这其实是在表扬学生的认识水平已经上升到一定高度，让他们对自己的精彩表现有一种发自内心的自豪感。

静心想想，现在的学生大都是独生子女，从小娇生惯养，没有经受过什么挫折。有时做错了事，教师或家长一句过重的批评就可能让学生受不了，如果是他对了，而你批评错了他，那就更不得了。教师设计这个问题的出发点就是想让学生结合自身与邓小平三落三起的经历对比，思考并从中学习、借鉴伟人的品质，这对学生正确的人生观、价值观的形成必将产生积极的影响。但这一内容是课本中没有明确提到的，这就要求我们首先要解放思想，大胆突破教材。

常听教师说这节课理论性太强，想调动学生都不知从哪入手。其实是被教材束缚住了手脚，不敢对教材进行大胆突破重组。试想本章内容的核心人物就是邓小平，核心理念就是解放思想，实事求是，教师在课堂上给学生大讲特讲解放思想，可老师自己的思想都没有从教材的框架体系中解放出来，自己都没有达到读史明智的境界，又如何引导学生做到这一点？其次，教师对这一问题的设计不能一味追求标准答案，只要能激发学生的兴趣，让他们结合自己或现实生活来谈，有真情实感就行。因此，教师在学生讨论后的总结点评就显得尤为重要，既不能简单地重复学生的答案，也不能以一个"好"字概括，更不能用所谓的标准答案去套，而应该站在欣赏的角度来肯定学生、鼓励学生，这样才有利于实现新课程目标提出的从过程与方法入手，达到情感态度、价值观的升华。

三、抓关键词，破解教材重难点

为什么说十一届三中全会的召开是伟大的历史性转折？这一问题既是本课的重点，也是难点所在。而书上关于全会的内容、意义又归纳得很具体，如果教师不下功夫设计课堂教学，只是泛泛地把问题提出来让学生讨论回答，学生一般只会照本宣科，却难以真正明白。所以教师在设计此问题时，一定要找到突破口。我们是从关键词"转折"入手的，先分析转折一词的含义即事物在发展过程中改变了原来的方向或形势，然后让学生对比这次全会召开前后我党在思想路线、政治路线和组织路线等方面的变化来谈。学生就会自己总结得出全会召开前思想上被"左"的错误路线束缚，个人崇拜、教条主义盛行，以至黑白颠倒，讲真话办实事的人被打倒；全会召开后我党解放了思想，重新确立了实事求是的思想路线，卸下包袱，轻装上阵，因此才会肯定实践是检验真理的唯一标准；政治路线上全会召开前是以阶级斗争为纲，全会召开后是以经济建设为中心，决定实行改革开放；组织路线上全会召开前是制造冤假错案，全会召开后是平反冤假错案。经过这样的对比、分析、讨论，学生就真正明白了十一届三中全会在我党历史上的伟大历史意义。

第二节　社会主义现代化建设的迅速发展

一、引课注意承上启下，自然过渡

师：十一届三中全会做出把党和国家的工作重心转移到经济建设上来，实行改革开放的伟大决策。如果把这次全会比喻为惊天的春雷，那么雷声过后，对久旱的大地来说，我们最盼望的是什么？

生：下一场大雨。

师：我们也不免有些担心，那我们担心的是什么？

生：光打雷，不下雨。

师：十一届三中全会召开后，春风化雨在政治上表现为拨乱反正，那么在经济上的表现就是改革开放，为此我们迎来了社会主义现代化建设的迅速发展。

这样的引课与前一节内容相互照应，让学生进一步理解了十一届三中全会之所以是建国以来党的历史上具有深远意义的伟大转折，还在于它的正确理论及时付诸实践。而1956年的中共八大，理论虽然正确，但是后来不但没有实施，实践上还背离了八大的正确理论，犯了严重的政治错误。这样就可以引导学生从自然现象的感性出发，上升到对这两次会议更深层次的理性认识的高度。

二、从对农民的人文关怀入手，激发学生对农民的深厚情感，力求把问题引向深入

为了让学生真正理解经济体制改革的突破口选择在农村的原因，教师先给他们播放纪录片《世纪中国》中的相关片段。当学生看到满脸沧桑、骨瘦如柴的农民大量逃荒要饭时，他们对农民产生了深切的同情。当看到安徽省委书记万里与一位衣不蔽体的青年农民对话，书记问他的愿望是什么？青年拍着肚皮说："吃饱肚子。"书记说他这个要求也太低了，能不能提个高点的要求时，青年又一次拍着肚皮说："把地瓜干换成粮食。"万里当时情不自禁地掉下了眼泪，课堂上学生心情也异常沉重。在学生对当时的农村、农民有了这些感性认识的基础上再让他们分析经济体制改革的突破口选择在农村的原因时，他们的思维就特别活跃。回答涉及我国是农业大国，农业是国民经济的基础及原有体制的弊端造成农业生产落后，影响政治稳定、经济发展等方面，而这些都是

书本上找不到的内容。如果学生不是情为所动，言为心声，是很难回答这么全面深刻的。这不仅让学生理解了当时农村进行经济体制改革的必要性、迫切性，还培养了他们的人文素养。

经济体制改革内容讲完后，教师打出农村与城市改革前后的比较表格，启发学生自己得出结论：生产关系一定要与当时的生产力发展水平相适应，随着生产力的发展，要不断调整生产关系以推动社会经济的发展。

为了让学生真正理解这一基本原理，教师首先用PPT投影罗中立的油画《父亲》。画面中老农古铜色的老脸、开裂的嘴唇、满脸的皱纹以及手中粗劣的大瓷碗所传递出的那种穿肝透肺的苍凉，深深地震撼了学生。然后教师再让学生说说他们所了解的农民生存现状，学生思维立刻活跃起来。一个学生谈了她妈妈清明扫墓时住在农民破旧的土房子里，晚上睡觉盖的是农家硬邦邦的破被子。讲完后就有学生不相信现在还有这么穷的人家，马上就有学生用自己亲眼所见的农民贫穷的事实来证明。还有的学生谈到了陈桂棣、春桃夫妇写的报告文学《中国农民调查》，提到村镇干部层层向农民摊派，这税那费多如牛毛。通过讨论，学生真切意识到了城乡差距不断扩大、农民收入水平的总体偏低等问题，同时也发自内心地对农民产生了深深的同情。然后教师及时接过话头：农村出现的这些问题概括起来就是"三农"问题，这其实早已引起党和政府的高度重视，最近中央就出台了一项有关农村改革的重大举措，那就是全面取消农业税！至此在我国延续二千六百多年的农业税被彻底取消，这必将大大提高农业生产的竞争力，缩小城乡差距，也是又一次调整生产关系以适应生产力发展的明证。

经济体制改革是本节的重难点，有关内容理论性太强，因此教师在课堂教学设计中利用历史文献、图片、音像资料等，让学生真切体验、感受和领悟农民的生存现状，在增强学生感性认识的基础上，从激发学生对农民的人文关怀入手，来组织课堂教学，收到了很好的效果。

三、设计自学导引，培养学生的自学能力

课堂设计初期，教师感到比较难处理的是本课的一些重难点内容，如关于经济体制改革的概念及城市经济体制改革的内容，教材上都有比较详细的表述，如果教师再强调，有照本宣科之嫌；如果不强调，又觉得没有突破重难点。最后教师大胆采用我校领导实地考察洋思中学后的经验，设计自学导引，向学生展示自学目标。教师通过巡视，发现学生通过自学能够自己理解掌握的内容一律不讲，而是重点解决学生自学不能解决的问题，并且通过创设新的情境来考查学生对所学知识点的理解运用，引导学生从中归纳出带有规律性的东西，以此培养学生的自学能力，提高他们分析问题、解决问题的能力。

四、拉近历史与现实的距离，实现历史与现实的有机结合

讲完本课改革开放的有关内容后，教师有意识地引导学生关注新疆：我国的对外开放是从东南沿海开始的，而新疆地处大西北，离沿海最远，但我们也有得天独厚的条件。接着用PPT打出新疆地图，问学生得天独厚的条件是什么？在学生纷纷猜测的基础上，教师用充满情感而幽默的语调说：东部有蜿蜒的海岸线，而新疆有5600千米漫长陆路边境线，与8个国家接壤，过去是古丝绸之路的重要通道，现在又成为中国西部对外开放的重要门户。接着让学生说说新疆有哪些对外开放的口岸，然后打出相应的图片，看到最后一张图片时，学生边笑边说：这不是昌吉的亚中商城嘛。教师说：是啊，别小看亚中商城，这可是自治区批准对外开放的二类口岸。

通过这个问题的设计，学生意识到新疆已由过去我国对外开放的瓶底一跃变成了前沿，这不但加速了新疆经济的发展，也为新疆投身西部大开发提供了便利的条件。过去大学毕业生大都愿意往东南沿海跑，被戏称为"孔雀东南飞"。现在有许多毕业生志愿到西部参加边疆建设，呈现出"孔雀西北飞"的壮观景象。由此激发学生热爱新疆、建设新疆的热情。

最后教师借助历史图片与资料让学生真切感受到改革开放后我国社会主义现代化建设所取得的伟大成就，强调十一届三中全会的理论成功地运用于实践，而改革开放所取得的成就又证明了这些理论的正确性，说明实践是检验真理的唯一标准。同时我党再从实践中总结经验，并且上升到理论的高度，从而形成了系统完整的理论，即邓小平建设有中国特色的社会主义理论，这就为下节课的讲授做好了铺垫。

以往人们谈起对历史的印象，总感觉它像是埋在故纸堆里的一位老学究，呆板毫无生气，令人望而止步。历史上那一个个鲜活的人物形象在人们头脑中全是一些模糊的面影，那一幅幅波澜壮阔的史诗般的画面都是干涩枯燥不甚清晰的棱角。所以现实生活中经常出现学生喜欢历史，但对历史课望而生畏的现象。"我们不能不承认，在某种程度上，正是我们自己把原本活生生的历史抽去了灵魂而教死了"（特级教师齐健语）。以至于学生人文关怀缺失，创新能力匮乏。所以历史课堂教学更应该注重带领学生用情感走入历史、用心灵体验历史，在思想、情感和生活充分交融的同时，让师生共同感受到人在历史中真切跃动着的生命。

最后引用李惠军老师的一句话来结束本文：我是一位普通的教师，我改变不了这个世界，但是我将努力思考、努力践行，尝试着去改变自己的课堂。

"诱思探究"在高中历史教学中的运用

张熊飞教授的"诱思探究"学科教学论是开放式的教学理论,它并不是要教给我们一种固定的教学模式让我们生搬硬套,而是让我们自己去探索、总结教学艺术的客观规律,即"教学有方,然无定法"。张教授的这一理论系统而深邃,但一个"诱"字道出了从师之道:变教为诱,变教为导,即强调发挥教师的引导作用。

很长时间以来,作为一名教师,我常有这样的困惑:如果真的把课堂还给学生,那教师的价值该如何体现?张教授的理论让我懂得:教师就是要通过各种方法、手段、技巧、媒体,激发学生的情感,让学生通过自身的参与、体验,自己去学习,自己教会自己。这种教学方法能否成功,关键是看学生能不能独立地、自觉自愿地去领悟、思考,这就要看教师"诱"得如何。下面结合本人的教学实践,就自己在教学中诱导学生的一点体会与各位同仁交流,希望得到大家的批评指正。

一、创设情境,突破重点

刚开始尝试这种教学理论时,我感觉到最大的问题就是怕教学任务完不成。以我的高中历史课为例,一节课有几个教学重点,学生一旦调动起来,有时很难收拢,而刻意去收拢,又怕限制了学生的思维,所以几个重点很难个个突破。后来,我发现这个问题其实并不难解决。一节课,只要教师情境创设得好,能充分调动学生学习的积极性,再选择一个好的突破口,就可以起到纲举目张的效果。即围绕一个中心,让学生的思维展开,形成一个网络,而其他的几个重点，也就在这个网络之中了。

比如，讲到人教版《中国近代现代史》上册第二章第五节《甲午中日战争》。这节课是两课时的内容，我选择甲午中日战争失败的原因作为突破的重点，通过创设情境，让学生带着兴趣，先从战争爆发的背景中去体会中国失败的原因；再从战争的经过中感受中国失败的原因；最后从理论上去深入思考中国失败的根本原因。

教学过程如下：

播放电影《甲午风云》片段"黄海大战"。

教师：把影片中你印象最深的一幕叙述出来。（电影可以形象、生动、直观地再现历史，上这节课，用这种方式诱导学生效果最好。教师不用提出太具体的问题，让学生的思维插上翅膀，在历史的时空隧道中自由飞翔、穿梭。）

学生们有的谈到邓世昌的致远号中弹后，撞敌舰中鱼雷沉没的悲壮；有的注意到日舰船小、速度快、掉头容易，中国船大、速度慢、笨重，并提出问题：为什么中国不购买或制造这样的战舰？有的学生发现中国舰队发射过去的炮弹有的炸不响，而日本的鱼雷却能很准确地击中我舰；还有的谈到清军将领中有英勇作战的，也有贪生怕死、临阵脱逃的。大部分学生都对李鸿章采取避战自保的做法感到气愤，认为这场战争的失败是由于清军将领指挥不利。

从学生的回答中，教师发现学生其实一开始就在自觉不自觉地思考战争失败的原因，只是这时学生的思考还处在感性认识的阶段。然后教师打出李鸿章的一段话："倭人于近十年来一意治兵，专师西法，倾其国帑，购制船械，愈出愈精。中国限于财力，拘于部议，未能撒手举办，遂觉稍行见绌。海军快船快炮太少，仅足守口，实难纵令海战。"

教师：你认为这场战争失败的原因是不是如李鸿章所说，真是中国的武器不如日本？（这时学生可以讨论，但教师不要求学生马上回答，让学生带着问题去看书。）从这场战争爆发的背景中，我们能得到什么启示？（提醒学生可以从三个方面分析，即从日本方面，从国际上西方列强的态度方面，从清政府的态度方面。）

学生只要能从背景中分析得出这三个方面都对日本发动战争有利，对中国不利，初见这场战争中国失败的端倪就行了。

然后，教师再从战争的经过中分析中国失败的原因。

最后，教师：有人说甲午中日战争中国的失败实质上是先进的资本主义制度战胜落后的封建主义制度的必然结果，那么为什么制度先进就一定可以获胜？

教师这时可以补充一些慈禧太后挪用海军军费700万两修颐和园、办"万寿庆典"，而日本睦仁天皇节省出皇宫开支60万，购新式战舰的相关材料。

学生讨论：慈禧太后认为只要她能平安地过大寿，就是吉利，否则就是不吉利。这说明在国家危难时，她把个人利益看得高于国家利益，置国家、民族利益于不顾，充分暴露了清政府统治的腐朽没落，腐败无能。而日本睦仁天皇知道如果国家不保，就谈不上自己的利益。

通过这个问题的讨论，如果学生能明白由于制度不同，导致人的心态不同，这才是制度决定胜负的根本原因所在，并能从内心真正懂得这个道理，就可以了。这样，学生通过自己的分析，最终明白这场战争中国失败的根本原因是清政府的腐败无能。由于甲午中日战争中国战败，列强随后掀起了"瓜分中国的狂潮"，而民族危机的加深又导致"维新变法运动"的兴起，这对学生理解后面这些内容有很大的帮助。

二、巧妙设疑，以疑促思

其实在实际的教学实践中，就我们学校目前的教学设施，放电影片断并不是每个班每节课都可以做到的。如果条件不具备，我认为巧妙设疑，以疑促思，也可以收到异曲同工的效果。

比如，在讲到人教版《中国近代现代史》上册第二章第六节《瓜分中国的狂潮》时，教师问学生：你想寻求帮助，但又觉得特别难以开口的是什么事？大家异口同声说是向别人借钱。教师：现在有这样一件好事，当一个人知道你想借钱后，马上非常热心地表示要借钱给你，并且还逼你不借不行，非借不可，借少了不行，早还还不行。课堂气氛一下活跃起来，学生：这不太可能吧，哪有这么好的事？教师话锋一转，在中国近代历史上就有这样的"好事"，它就发生在列强瓜分中国的狂潮中。然后让学生看列强"争做中国的债主"一目，回答为什么列强会这样"好心"。这样，学生的思维一下子被调动起来，这节课的内容就很容易完成了。

三、回归历史，释读历史

历史是逝去的昨天，怎样客观地评价历史？站在怎样的角度去释读历史、反思历史？如果没有亲身感受历史，总觉得如雾里看花，摸不着头脑。

比如，对义和团运动口号的评价，以前教师总是让学生泛泛地去评价，学生也总是把书上现成的分析念一下，或用自己的话再重述一遍，总使人觉得理性有余而感性不足，没有自己真正的思路和想法。

以前我总是在怎么把这个问题给学生分析透彻、讲得明白上下功夫。这次我是在"诱"字上下功夫。我首先让学生比较太平天国运动与义和团运动的区别。学生认为义和团运动没有统一的组织，比较分散，所以其前身义和拳各自为战，都有不同的口号。我把这些口号一一写下来：反清复明、扫清灭洋、助清灭洋、兴清灭洋、保清灭洋、顺清灭洋、扶清灭洋。然后问学生："如果你是当时的一个农民，在列强瓜分中国，民族危机时，你认为哪一个口号更能激发你的革命热情？"学生思维活跃，纷纷发表自己的意见：在民族危机日益加深的情况下，反清复明肯定是不行的；扫清灭洋树敌太多，不利于争取清朝官兵的支持；助清、兴清、保清、顺清这些口号使农民与清政府没有了界线。最后大多数学生认为这些口号中还是"扶清灭洋"最好。

其实在讨论对比中，学生已经用自己的理解说出了对"扶清灭洋"口号的评价。然后让学生在看书的基础上加深理解。接着教师就这个问题继续引导学生深入分析。

教师：前不久我看到一篇文章，说科学家从理论上已经证明时空隧道是存在的，如果真有可能，在座的同学可不可以想出一个更科学的口号送给义和团？

学生热情再一次高涨：灭清灭洋、扶清反侵、保国反侵……最后大家一致说"保国反侵"好。当时我在心里就感叹学生的潜力真是太大了，这个口号既有利于动员一切力量，抗击帝国主义列强的侵略，又不至于放松对清政府的警惕，还避免了盲目排外。

我马上做了一个夸张的动作，对学生说：还犹豫什么，穿越时空隧道，送给义和团，说不定你就是改变历史的人！没想到有一位学生马上站起来反驳：这个口号也不行，因为"反侵"的谐音是"反清"，而农民大都不识字，容易产生误解。

正当大家陷入茫然时，一位学生竟能从更深的角度阐明：在当时的条件下，就农民而言，就算真有时空隧道，给他们送去科学的理论，他们也未必能接受。能提出"扶清灭洋"这个口号，对他们来说已属不易。农民作为小生产者，不但不可能提出科学的口号，也不会真正接受科学的口号。通过这个问题的讨论，学生不但自己对历史事件进行了评价，而且真正懂得了在半殖民地半封建社会的中国，由于农民不是先进生产力的代表，所以不可能完成反帝反封建的任务，这是导致义和团运动失败的根本原因。这样学生对这个问题已经达到了一个较高的理解层次。

通过这段时间的课堂教学实践，大部分教师感到这种教学理论确实能激发学生的学习热情，课堂效果很好。以前上课教师滔滔不绝地讲，很累。现在让学生动起来，教师自身得到了解放，就可以有更多的时间来观察、了解学生对所学知识的掌握、理解程度。有些教师也产生了这样的疑问：张教授的理论更注重学生学习的自主性与能动性，这是不是意味着对教师的要求降低了呢？我认为不是，恰恰相反，应该是对教师自身素质的要求更高了。学生的潜力是很大的，学生调动起来了，这也是对教师解决教学实际问题能力的一种严峻考验，这就要求教师从知识型向学者型、科研型转变。

张教授在"诱思探究学科教学论"中提到，在历史教学中，"诱思探究学科教学论"通过对"历史人物、历史现象、历史过程"的观察，寻找"历史规律"，使学生能"以史为镜，指导现实；以人为镜，陶冶品质"。即通过以诱达思、以思明智、明智达标的过程，实现书本上历史知识的迁移，来指导自己的实践，我想这才是历史教育的真正目的。

中学历史课堂教学语言的运用

　　教师的课堂语言具有传播知识、表达情感、培养学生情感态度和价值观的重要作用，能否使用生动形象、准确严谨、通俗易懂的教学语言是对教师提出的基本要求之一。结合我自己十多年的教学经验，就在历史课堂教学中如何使用好语言这门工具来提高教学质量、活跃课堂气氛、激发学生的学习兴趣，谈谈自己的一些做法和感受。

一、教学语言要生动、形象，富有启发性

　　要想上好历史课，教师在课堂语言表达时要生动、形象、富有情趣，不仅要善于使用大众语言，而且还要善于进行恰当的夸张、比拟，做到绘声绘色，充分发挥语言的直观性和形象感，以增强感染力，同时还要交替使用书面语言和口头语言。一般说来，讲解基本概念、得出历史结论等需要使用书面语言。而叙述史事、解释时，应以口头语言为主，因为口头语言相对简单、自然，容易把问题讲得深入浅出，学生比较容易理解。在此基础上教师的语言应充满魅力，富有启发性，从而打开学生的思路，唤起学生的求知欲。

　　例：高一开学的第一课《鸦片战争》，我尝试用"夜郎自大"的成语故事来引课。我先用书面语言阐述成语的出处及概念：这则成语典故源于《汉书·西南夷列传》，"滇王与汉使言：'汉孰与我大？'及夜郎侯亦然。以道不通故，各自以为一州主，不知汉宽敞。"后来以此比喻闭关自守，孤陋寡闻，妄自尊大的意思。然后用口头语言生动、形象地讲述故事，最后为了给学生启发，我话锋一转：一千多年后的清王朝，惊人相似的一幕又在中国历史上

重演。由于长期推行闭关锁国政策，清朝统治者也有了"夜郎自大"的心态，他们一直沉睡在"天朝上国"的迷梦中，闭目塞听，以至于中英交战两年多了，道光帝还不知道英国在何方。他派人审问英俘，竟然提出了这样的问题："究竟该国地方周围几许？""英吉利至回疆各部，有无旱路可通？""与俄罗斯是否接壤？"在提到葡萄牙时，更是惊讶地问，"葡萄也会有牙吗？"真是可笑又可悲啊！

以往国人只知道"贞观之治""开元盛世""康乾盛世"，直到鸦片战争，中国尘封的大门被英舰无情地轰开时，他们才真正体会到什么叫"天上一日，人间千年"。这样一个人口占世界三分之一的大国，由于不顾时势，安于现状，人为地与世隔绝，所以在这场关系到国家生死存亡的决斗中必然被打垮。今天，当我们跨入一个新的世纪，面对更加激烈的综合国力竞争的国际环境时，重温这段历史尤其发人深省。但愿"夜郎自大"的悲剧再也不要在中国上演。

这样的讲解，必然会给学生深深的历史启迪。

二、教学语言要有情感、有节奏，富有感染力

教学语言的情感，是指教师在深刻体会教材内容后发自内心的饱含热情的真情实感，同时也包含了教师对本职工作的深深热爱。课堂上教师应把三尺讲台当作自己人生的舞台，以声情并茂的语言创造出和谐、民主、活跃的课堂氛围，把学生带入历史教材的特定情景中去，以引起学生的情感共鸣，达到"润物细无声"的效果。让学生真切地感受到教师充满课堂的是对他们殷切的教诲和热切的期望，而不是无情的训斥或冷漠的嘲笑。

教学语言的节奏，是指由教师内心的情感引起的语言快慢急缓的变化，并和语言的轻重强弱、语句的断连疏密、语气的刚柔扬抑有机结合，融为一体。教学语言不能拖泥带水，啰里啰唆，否则学生听不清楚，难以做笔记。这种快慢得当、轻重有度、张弛适宜的节奏有利于更好地吸引学生，调动他们的学习积极性，使课堂教学富有感染力。

三、教学语言要简练、分明，具有层次感

教学语言要做到围绕中心，概括简洁，层次分明，重点突出，步步深入，环环相扣，具有严谨的逻辑性；并能抓住问题的关键，不以偏概全，使学生的思维有条理地展开，引导学生得出完整准确的历史结论。而要做到这一点，教师必须全面熟悉教材，并依据教学大纲的要求和学生实际重新组织教材，做到源于教材而高于教材，最终还要回归教材。同时在业余时间教师还要多读书，读好书，下功夫增加词汇积累和提高文学修养，培养驾驭语言的能力。切记，教师在课堂教学中一定不要说那些颠三倒四的啰唆话、无关紧要的两可话、牵强附会的题外话、不着边际的空洞话、不合语法的半截子话。这些话不但会扰乱学生的思维，降低课堂效果，在一定程度上也会影响教师在学生心目中的形象，给学生留下教师备课不认真，语言表达能力差的印象。

四、教学语言要配以教师的表情、手势，带有激情

作为一名教师，上课不能面无表情，一脸沉重。有人说：不善于运用表情的人就不能做一个好教师。比如，课堂上教师要不断用和蔼、亲切的目光去捕捉学生的视线，让眼光洒遍教室的每个角落，使每个学生都能感到教师在注意自己。这就在无形中起到了控制课堂的作用。同时，教师在课堂教学中，手势使用得当，也可以增强教学语言的力度，强化要传授的历史知识，给课堂教学增添活力。教师一上讲台就要精神抖擞，声音洪亮，字音清晰，使教室的每一个学生都能清楚明白地听见教师所讲的内容。教师讲课的语气也要灵活多变，带有激情。可以在讲课中交叉运用好叙述、疑问、祈使、感叹等几种语气，不能一味地平铺直叙，否则课堂教学就会死气沉沉，缺少生机。

总之，教师的课堂教学语言艺术对活跃课堂气氛、激发学生兴趣、调动学生积极性、提高教学质量是非常重要的。"台上一分钟，台下十年功。"每个教师都应该在台下学习和研究这门语言艺术的技巧和方法，以便更多更好地培养适应社会需要的人才。这也是全体教师的历史使命和社会责任。

夯实历史基础知识，构建学科知识体系

新课改下的历史高考已完成了从知识立意到能力立意，再到学科素养立意的转变，看似基础知识变得不重要了。但是不管考试题型如何变化，新颖材料怎样层出不穷，最终都要落实到基础知识上。因此，学生在备考复习时，一定要夯实基础知识，准确掌握重要的历史概念、历史结论、阶段特征、基本线索和发展过程等。在此基础上，还要构建起学科知识体系，把零散的知识归类整理，力求总结出历史学习的方法和规律。那么，怎样才能做到夯实历史基础知识，构建学科知识体系呢？

一、重视教材目录，做到纲举目张

教材目录是学习基础知识的"纲"，"纲"举才能"目"张。但有些学生马上要高考了，也未必能记住、理解必修教材的目录内容。这里所说的"记住"教材目录，并不是要求学生死记硬背，而是在理解章节标题内容之间联系的前提下，用自己的话表述出来，再和目录原文对照，看自己理解、分析的是否准确、全面。

如人教版必修一第四单元标题为《近代中国反侵略、求民主的潮流》，考生看到标题就要明白，近代中国社会的两大主题就是反侵略、求民主。而反侵略作为主题之一，首先是因为遭到了外来侵略。那么，近代中国曾遭到哪些侵略呢？如鸦片战争、第二次鸦片战争、甲午中日战争和八国联军侵华，特别是20世纪三四十年代日本发动的全面侵华战争等。面对外来侵略，中国人民进行了哪些反侵略斗争呢？以林则徐、邓世昌为代表的清军爱国将领，以洪秀全为代表的太平军和后来的义和团，以孙中山为代表的资产阶级革命党人，以中国共产党为代表的广大人民群众，都为反抗外来侵略、捍卫民族独立作出了应有的贡献。

中国人民在反侵略的同时，还开展了反对独裁专制、争取民主权利的斗争，如农民阶级发动的太平天国运动、资产阶级领导的辛亥革命和中国共产党领导的新民主主义革命。而新民主主义革命经历了国民大革命、国共十年对峙、抗日战争、解放战争，最终赢得了胜利。

至此，就把本单元涉及的重大事件概括出来了。这样，不但本单元的标题理解了，八节内容的框架体系和彼此间的关系也建立起来了。

二、紧抓关键词语，逐步深入分析

复习每课知识点时，要围绕教学大纲把相关知识点的关键词语抓住。这里的关键词语包括关键人物、事件、名词概念、历史结论等。

如人教版必修一第五单元《从科学社会主义理论到社会主义制度的建立》第十九课《俄国十月革命的胜利》。本课的教学目标是"概述俄国十月革命的主要史实，认识世界上第一个社会主义国家建立的历史意义"。在复习时就要明确，本课涉及的重要名词概念有二月革命、四月提纲、七月事件、《和平法令》《土地法令》、苏维埃、人民委员会等；历史人物有沙皇尼古拉二世、列宁；重要阶段特征有20世纪初的俄国进入帝国主义发展阶段、俄国成为帝国主义链条中最薄弱的环节；重要历史结论有世界上第一个无产阶级专政的国家、人类历史上第一次取得胜利的社会主义革命等。

这样，就抓住了本课的考点，然后可以紧抓其中的重难点深入分析：为什么说20世纪初俄国已进入帝国主义发展阶段？是什么力量推动俄国进入的？有哪些具体表现？对当时俄国社会发展有什么影响？同样的思路：为什么说俄国是帝国主义链条中最薄弱的环节？有哪些具体的表现？和后来爆发的十月革命有什么联系？这就使学生的知识范围在扩大，思维力度在增加，从而使基础知识得以夯实，知识体系得以建立。

三、把握阶段特征，锻炼分析能力

历史高考对学生在把握阶段特征方面的要求很高，而且准确把握阶段特征有助于学生夯实基础知识，构建知识体系。因此，我们一定要对把握阶段特征给予高度重视。

如人教版必修一第八单元《当今世界政治格局的多极化趋势》第二十五课《两极世界的形成》。我们首先要明确两极世界的政治格局形成于20世纪50年代中期，那么这一时期的阶段特征是什么？它和两极世界的形成有什么联系？然后结合所学知识可知：当时二战已结束，关于处理战后遗留问题和维护和平的雅尔塔体系的确立，奠定了两极世界格局的框架。二战使主要国家的力量对比发生了重大改变，西欧和日本衰落，美国国力大增，苏联实力增强，社会主义国家影响扩大，亚非拉民族独立运动高涨，特别是美苏间的矛盾加剧，这就是两极世界格局形成的背景。

在平时复习中，学生可以随便说一个历史阶段，然后分析它的阶段特征。如18世纪中期，分析到的阶段特征有：当时西方正处于第一次工业革命前夕，工场手工业发展，海外市场扩大，原始资本积累基本完成，生产技术提高，特别是英国成为世界殖民霸主，号称"日不落帝国"；资本主义政治制度已确立，但仅限于少数国家；兴起于西欧的启蒙思想运动不断深入，影响到了美洲大陆，但对亚非拉地区的影响不大。亚非拉地区仍处于专制统治之下，以小农经济为主，思想守旧，闭关自守，并开始遭到外来侵略。

如果学生在教师的指导下经常做这种训练，必然会对他们分析和解决问题能力的提高起到推动作用。

四、掌握历史规律，学会融会贯通

历史学习不像一些学生想象得那么简单，看似只需记住一些时间、事件、人物；但也不像一些学生认为的那么困难，因为历史的发展有非常强的规律性，只要学生掌握了历史规律，找到解决问题的思路、方法，就可以把复杂问题简单化，做到融会贯通，从而体会到学习的快乐。

如分析历史事件，一般都是从背景（原因、条件）、目的、经过（过程、内容）、结果、影响（作用、意义、评价）等方面入手。原因又包括根本原因、直接原因（导火线），条件可以从经济、阶级、思想、政治等自身条件和外部条件分析，根本条件一般是从经济角度考虑。

例如，分析马克思主义诞生的历史背景，就可以用这样的思路。马克思主义诞生的根本原因：资本主义制度的弊端暴露、社会矛盾尖锐；直接原因：三大工人运动失败，需要科学理论指导。诞生的条件包括：经济上，工业革命的完成推动资本主义经济发展（根本条件）；阶级上，无产阶级队伍壮大，并作为独立的政治力量登上历史舞台；思想上，德意志古典哲学、英国古典政治经济学、英法空想社会主义提供了思想来源；此外，还有马克思和恩格斯的个人努力等。

五、敢于纵横联系，构建框架体系

要想更好地构建起历史学科知识体系，还要敢于进行知识间的横向和纵向联系。

如人教版必修二第二单元《资本主义世界市场的形成和发展》就是历史知识间纵向联系的典型。它以资本主义世界市场为主线，分析了不同时期世界市场形成和发展的过程：16世纪初，新航路开辟后，以西欧为中心的世界市场雏形开始出现；17—18世纪，西欧国家的殖民扩张，使世界市场得到进一步拓展；19世纪中后期，第一次工业革命完成，使以欧美国家为主导的世界市场基本形成；19世纪末20世纪初，在第二次工业革命推动下，以欧美列强为主导的资本主义世界市场体系最终建立。

在此基础上，还可以结合同时期的中国历史，分析中国是如何逐步卷入资本主义世界市场体系的：16—18世纪，当以西欧为中心的世界市场雏形开始出现并进一步拓展时，明清政府顽固坚持海禁和"闭关锁国"政策，这就阻碍了彼此间的商贸联系，拉大了中西间的差距；到19世纪中期，西方列强利用坚船利炮和廉价商品打开中国大门，开始把中国卷入资本主义世界市场体系；19世纪末20世纪初，列强通过甲午中日战争和八国联军侵华战争，使中国完全卷入

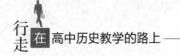

资本主义世界市场体系。这样，学生就构建起了纵横交错的知识体系。

六、善于对比分析，寻找异同之处

历史上相似的人物、事件、观点很多，这就要求学生碰到相似知识就要养成对比分析的习惯。通过对比分析，可以验证学生对相关知识的掌握是否准确，也可以加深学生对重点知识的理解、记忆。这样的对比分析，在历史学科中可谓比比皆是，在此不再举例说明。

最后，我想说的是：夯实基础知识的重任一定要由学生承担起来。教师的主要职责是帮助学生构建完整的知识体系，并适当补充选修教材中的相关内容，把分散的知识点变成层次分明、条理清晰的主干网络，使学生能够把握历史脉络，明确知识结构间的联系。

积极开展史料教学，认真落实论从史出

在新课改背景下，现在的历史高考命题已完成了从知识立意到能力立意，再到学科素养立意的转变。这种转变体现在命题方式上，就是材料解析题所占的比例越来越大，甚至单项选择题的题干都是由材料组成。如2013年的新课改文综历史高考试题，几乎到了"无材料不成题"的程度。这就要求教师在备考过程中，必须积极开展史料教学，认真落实论从史出。

开展"史料教学"既是教师应对高考的需要，更是培养学生思维能力和理解学科特点的需要。那么，在平时的教学过程中，教师如何做到积极开展史料教学，认真落实论从史出呢？

一、教师在课堂教学中一定要精选史料、恰当引用

历史史料浩如烟海。所以要做到精选史料、恰当引用，首先要注意所选史料的典型性和权威性。如《史记》《汉书》，还有近几年高考涉及较多的被誉为"当代资治通鉴"的美国史学家斯塔夫里阿诺斯的《全球通史：从史前史到21世纪》等。其次要注意所选史料的多样性和多元化。除文字资料外，表格数据、文物遗迹、地图、人物等都应涉猎，还要包含不同史学家对同一事件不同甚至相反的评论资料等，让学生能够从各种材料中获取有效信息，支持自己的论点或者说明某一观点。最后要注意史料与教材联系的紧密性和学生知识水平的适应性。教师在课堂教学中一定要选取那些与教材知识有内在联系、不超越学生知识水平和理解能力的史料，让学生学会从史料中汲取有效信息，了解相对客观的历史，并通过深入解读史料做到论从史出。

二、教师在课堂教学中一定要重在教给学生方法

在高考备考阶段，材料题太多，教师不能单纯满足于见题解题，宣读答案，而应该重在教给学生解答材料题的技巧方法。我在指导学生备考主观题部分时，常说：在我心目中，问答题没有绝对的标准答案。我心目中的标准答案就是我对材料最为准确的解读和相对完美的文字表述。学生所答出的文字不可能和给出的标准答案完全一致，学生日常训练要做的就是尽量缩小我们所解答的文字与标准答案之间的差距。

为此，经过多年探索，我给学生解答材料题总结出"十二字"方针：定时空、明线索、看分数、成文字。具体来说，首先要确定问题所涉及事件、人物的时间和空间，并在此基础上明确时代特征。其次要明确贯穿该问题的主词线索，顺着主词线索深入分析，就不会偏题。再次要查看题目分值共有多少、涉及几个问题、每个问题的分值分布、哪个问题所占分值较大、大到什么程度，并在此基础上做到把"大分划小，小分化了"。这可以减轻学生对问答题的恐惧心理，也可以使他们把握住答题字数的多少，做到有的放矢。最后把自己通过以上审题分析，结合所掌握的知识和对材料的理解形成文字，力求做到史实准确，文字简练，用词到位，史论结合。

下面就结合我最喜欢的经典试题2008年全国文综试卷II的第39题中的历史部分进行说明。原题如下：

抗日战争爆发后，苏联援华物资通过西北陆路运到中国，英美物资通过香港、越南和1938年开通的滇缅公路运到中国。威廉·凯宁在《飞越驼峰》一书中指出："从这方面看，中国维持战争的能力完全变成了一个供应问题。"

1942年3月，中国和美国合作，开辟了从印度阿萨姆邦汀江至中国云贵高原和四川盆地的空中航线——驼峰航线。3年中，中、美通过这条航线，将大量物资空运到中国境内，并为此付出了巨大代价。

请回答：

（1）结合所学知识，分析开辟驼峰航线的必要性。（14分）

（2）分析驼峰航线的作用。（6分）

1. 准确把握题目所涉及的时间、空间和时代特征（定时空）

该题材料告诉我们，中美合作开辟驼峰航线是在1942年3月。这个时间非常关键，是解题的钥匙。结合所学知识，可以对当时的时代特征分析如下：

从中国看，抗日战争已进入相持阶段，日本调整了侵华策略，加大对共产党领导的敌后抗日根据地的军事进攻和经济封锁，使根据地进入严重的困难时期；国民政府中的投降危险扩大，特别是汪伪政权叛国投敌，中国抗战非常困难。一旦中国战败，必然威胁到英美在华利益，加大美国在太平洋战场和苏联在欧洲战场的压力。

从国际看，1942年1月《联合国家宣言》签署，标志着世界反法西斯同盟正式建立，美国加大了对遭受法西斯侵略的国家的军事物资援助。美国试图通过援华抗战，抵制日本在华势力的扩张，维护其既得利益，同时也希望中国能牵制更多日军，缓解其在太平洋战场上的压力。

2. 注意材料间的联系，扩展思路和解题角度（明线索）

通读材料全文可以看出，贯穿材料的主词线索是对华援助。材料开头就说：抗日战争爆发后，苏联援华物资通过西北陆路运到中国，英美物资通过香港、越南和1938年开通的滇缅公路运到中国。我们可以顺着主词线索如剥洋葱般层层设问，找到解题思路：

为什么中国抗战爆发后，苏、美、英等国就开始对华进行物资援助？这是因为中国的抗日战争是反抗法西斯侵略、维护国家独立的正义战争，同时也反映了当时世界的主要矛盾是法西斯势力与反法西斯势力之间的矛盾。法西斯势力的对外侵略扩张威胁着苏、美、英等国的利益，他们明白，中日之间在综合国力，特别是经济、军事上有一定差距，中国无力单独与日本抗衡，需要得到国际社会的援助。

为什么到了1942年3月开辟驼峰航线时，苏联没有参与对华援助呢？因为1941年6月苏德战争爆发，苏联忙于应付卫国战争，无力援华。

为什么美英对华物资援助不再通过香港、越南的海路或滇缅公路，而要开辟空中航线呢？从《太平洋战争形势图》中可以看出，太平洋战争爆发后，日本很快占领了东南亚地区，以前的海路、陆路通道被切断，只有另辟新的通道才能支援中国抗战。

3. 注意分数分布，力求"大分化小"，看分答题（看分数）

仅以第1问分析：结合所学知识，分析开辟驼峰航线的必要性（14分）。这里只有一个问题，却赋分14分，该如何分解？我们的分解思路是开辟驼峰航线的必要性要从中国和国际两方面考虑，每方面平均7分，如按偶数分解就是6分和8分。这就要求我们在这两个方面各自设计三、四个答题点，每个答题点分值为2分。这就是我们在组织答案时要努力的方向，看自己的知识储备和解题思路能否满足答题要求。

4. 语言简练、史实准确、思路清晰地解答问题（成文字）

要想形成文字答在试卷上，则要求我们从国内、国际方面，按照时间顺序或内容主次做答，做到语言简练、史实准确、思路清晰。

该题标准答案及赋分如下：

（1）中国国防工业薄弱，军用物资匮乏；长期战争消耗，外援更显重要。（4分）苏德战争爆发，苏联无力援华；太平洋战争爆发，日本占领东南亚大部分地区，英美援华物资通道被切断。（6分）中美等国结成反法西斯同盟，盟国希望中国牵制日军。（4分）

（2）从物质上支援了中国抗战，鼓舞了中国军民抗战的士气；有利于中国对日作战并将日军主力牵制在中国战场，为世界反法西斯战争的胜利作出了贡献。（6分）

三、教师在课堂教学中一定要把材料用好、用足

在课堂教学中，教师引用的材料很多。对那些典型史料，我们一定要用好、用足，不要仅仅满足于回答、解决后面提出的问题，而应引导学生层层深入、细致分析，教给学生从材料中最大限度获取有效信息的方法。

比如，我在组织复习洪仁玕《资政新篇》中有关外交方面的内容时，出示了以下资料："凡外邦人技艺精巧，邦法宏深，宜先许其通商，但不得擅入旱地，恐百姓罕见多奇，致生别事。惟许牧司等并教技艺之人入内，教导我民，但准其为国献策，不得毁谤国法也。"让学生从中概括出洪仁玕的外交思想和

主张。学生根据材料表述，概括出洪仁玕主张同外国自由通商、平等往来，但不准外国干涉中国内政等。学生回答至此，对问题回答已经结束，但对材料所隐含的深层信息缺乏进一步的分析。因此，我继续引导学生深入分析、理解材料还有哪些有效信息。

首先，引导学生正确理解材料中的关键词语。如材料中的"外邦人"并不是指所有除中国以外国家和地区的人们，而是指以英国为首的西方资本主义国家。"技艺精巧，邦法宏深"是说这些国家不但有先进的科技和设备，而且有先进的政治制度。

其次，引导学生细致分析材料背后的隐性知识。如洪仁玕能看到"外邦人技艺精巧，邦法宏深"，说明他已认识到西方科技设备与政治制度的先进性和中国向西方学习的必要性。在此基础上，他才提出应允许与这些国家自由通商、平等往来。这和清政府所奉行的"闭关锁国"政策相比是一个巨大进步，符合历史发展潮流。但是由于时代和阶级的局限性，洪仁玕并没有看到西方列强与中国通商并不是一般意义上的商业贸易往来，而是要把中国变成他们倾销商品、掠夺原料的殖民地，使中国沦为其经济附庸。况且当时的中国经济落后、政治腐败、国力衰落，根本无力和这些列强进行自由通商、平等往来。这里的"自由、平等"只是洪仁玕个人的美好愿望，根本无法实现。

洪仁玕还主张不许外国人擅入旱地，这在一定程度上可以防止外国人对中国内地的渗透控制，但他的理由却是害怕百姓"罕见多奇，致生别事"。而且他允许那些牧师、传教士等"并教技艺之人入内，教导我民"，说明他对外国传教士的本来面目还认识不清，抱有幻想。那些传教士等技艺之人来中国是为了进行文化渗透，加大对中国人的思想控制，不可能把先进的技艺传授给中国人。让这些人"为国献策"，他们会提供什么好的策略呢？当然，"不得毁谤国法"即不准外国干涉中国内政，是完全正确的，应给予充分肯定。

通过以上分析，学生对洪仁玕的外交思想和主张就会有一个更深入、全面的把握，既看到了他积极、正确、应予肯定的方面，也看到了其消极、错误、应予否定的方面。这就有助于学生从整体上认识《资政新篇》，也为学生对太平天国运动的评价提供了一个思考的契机。

　　当然，要提高材料解析题的解题能力，学生不仅要把握正确的解题方法与技巧，还要具备良好的历史基础知识和基本技能，以及较好的汉语功底和较广的知识面等等。而学生一旦把握了正确的解题方法和技巧，就能更好地将所掌握的知识进行灵活运用，从而更快地提高自己的学科综合能力。

充分利用教材目录，切实提升学习效率

在高中历史日常教学的听评课以及与教师、学生的座谈交流过程中，我发现无论是有些教师的备课和教学设计，还是有些学生的学习和复习备考，都对教材目录没有给予应有的重视，从而造成了教师的课堂教学局限在对教材内容的简单解读，学生的备考复习缺乏一个对知识体系和对历史事件之间内在联系的整体把握，进而影响了学习效率的提升。那么，学生应该如何做才能充分利用教材目录，切实提高学习效率呢？

一、熟记教材目录，明确知识框架结构

其实，教材目录在高中历史学习中有着重要地位，是学生学习教材基础知识的"纲"，"纲"举才能"目"张。但有些学生马上就要高考了，也未必能记住、理解教材目录的内容。这里所说的"记住"教材目录，并不是要求学生死记硬背，而是让学生在理解章节标题内容之间联系的前提下，用自己的话语表述出来，再和目录原文对照，看自己理解、分析得是否准确、全面。

如人教版必修一第一单元的标题为"古代中国的政治制度"，学生看到标题就要明白，政治制度作为统治阶级为实现阶级专政而采取的统治方式、方法的总和，是阶级社会的产物，是人类文明诞生的重要标志，在古代中国只能出现在奴隶社会和封建社会。因此，本单元开篇讲的是奴隶社会夏、商、西周的政治制度，例如王位世袭制、内外服制度、分封制、宗法制和礼乐制度。接着，讲述了作为中国历史上第一个统一的多民族的封建国家，秦朝中央集权制度的形成，例如创立君主专制制度、三公九卿制、郡县制等。然后，围绕君主

专制、中央集权、选官制度等方面，讲述了从汉朝至元朝时期政治制度的演变过程。最后，讲述了作为古代中国最后一个时期，明清君主专制加强的相关措施，例如废丞相，权分六部；废行省，设三司；设立内阁，增设军机处等。

至此，本单元涉及的古代中国政治制度的两个社会形态和不同时期重要的相关名词概念就概括完毕。这样，不但理解了单元标题，四节课的教材内容的框架体系和彼此间的关系也建立起来了。

二、抓住教材目录，层层破解深入分析

因为教材单元标题涵盖了本单元要讲述的相关知识内容，所以抓住单元目录，进行层层破解、深入分析，能够引导学生加深对本单元所涉及内容的认识。如人教版必修一第三单元的标题为"近代西方资本主义政治制度的确立与发展"，首先，可以紧抓单元标题，步步紧逼层层破解，设计出以下问题：

（1）世界近代史的起止标志是什么？和以往的划分标志相比有什么变化？这一变化反映出怎样的不同史学观念？

（2）"西方"一词在历史学中的含义是什么？相对应的"东方、近东、中东、远东、南北对话、南南合作"各是什么意思？

（3）近代西方的资本主义政治制度与古代中国的封建政治制度相比有哪些不同？其最大的特点是什么？它与古代希腊、罗马的政治制度相比又有哪些相似和不同之处？

（4）近代西方资本主义政治制度确立的标志是什么？确立的途径有哪些？呈现出怎样的特点？后来它的发展情况如何？从中可以得出哪些启示？

其次，还可以围绕课节标题，结合教学目标来思考问题。比如，围绕本单元的第一课《英国君主立宪制的建立》，可以结合教学目标，了解《权利法案》的制定和责任内阁制形成的史实；理解英国君主立宪制的特点和作用，并提出以下问题：

（1）什么叫君主立宪制？英国君主立宪制得以建立的前提、条件有哪些？标志是什么？英国君主立宪制建立以后，又经历了怎样的发展和完善的过程？这对英国社会发展产生了什么影响？

（2）《权利法案》是在哪年由哪个阶级制定的？其核心内容是什么？有什么作用？

（3）什么叫责任内阁制？在这一制度下，首相与内阁大臣、首相与议会、首相与国王之间的关系如何？

……

再次，还可以结合教材知识，围绕学科核心素养进一步挖掘问题。还是以《英国君主立宪制的建立》一课为例，教材讲到了英国议会的由来。那么，英国的议会制度经历了怎样的发展历程？各自反映了当时怎样的时代特征？再如，英国的政党政治起源于什么时候？后来经历了怎样的发展演变？促使这一变化的原因是什么？英国的内阁制与中国明清时的内阁制相比有哪些不同？

最后，还可以围绕教材知识，对相关内容进行整理和对比分析。如在本单元的知识内容中，除了涉及英国君主立宪制的建立外，还有美国联邦政府的建立、艰难的法兰西共和之路、德意志的君主立宪制等。其实，对这些教材知识的整理思路是一样的。在完成对这些教材知识整理的基础上，可以进行对比分析，如比较英国君主立宪制与德国君主立宪制的异同之处；比较美国的共和政体与法国共和政体的异同之处；比较美国总统与英国首相（或法国总统）在权限、产生办法、与国会关系、任期等方面的异同等。

三、调整教材目录，重新构建知识体系

现行教材的知识内容是按照古代、近代、现代的中国、世界（西方）交织在一起编写的，如果按现有顺序讲授，会使学生感到线索零散，不能形成完整的知识体系。因此，在教学实践中，可以把教材目录重新整合，按中外线索归类。以人教版必修一政治模块为例，本模块共有8个单元，涉及古今中外一些重要政治制度、重大事件等。如果教师先讲第一单元《古代中国的政治制度》，接着讲第四单元《近代中国反侵略、求民主的潮流》，再讲第六单元《现代中国的政治建设与祖国统一》、第七单元《现代中国的对外关系》，那么通过这样的调整，就可以让学生对中国从古至今的政治文明发展趋势有一个完整认识。以后再讲第二单元《古代希腊罗马的政治制度》、第三单元《近代西方资

本主义政治制度的确立与发展》、第五单元《从科学社会主义理论到社会主义制度的建立》、第八单元《当今世界政治格局的多极化趋势》。然后再引导学生进行对照分析,比如,在古代中国的政治制度中,最重要的是君主专制和中央集权制度,而古代希腊、罗马的政治制度却出现了奴隶主贵族实行的民主政治,使公民获得了一定的民主自由的权力,并有了完善的法律体系。到了近代,中国遭到西方列强的侵略,人民在开展反侵略斗争的同时,引发了反对专制独裁统治,追求民主自由的斗争潮流。而近代西方国家通过资产阶级革命或改革运动,确立了资本主义政治制度,并走上了对外侵略扩张的道路。

人教版必修二的教材体系也可以按这种模式进行调整,如先讲《古代中国经济的基本结构与特点》,接着讲《近代中国经济结构的变动与资本主义的曲折发展》,再讲《中国特色社会主义建设的道路》,就有利于学生形成完整的知识体系,也比较符合他们的思维和认知习惯。

四、修改单元标题,前后章节对比分析

单元标题不但对本单元内容起着提纲挈领的作用,在前后单元之间也起着承上启下的作用。因此,紧抓单元标题对构建教材体系十分重要。但有的单元标题不能充分体现这一功能,就可以根据需要对标题进行适当修改。

如人教版必修二第七单元标题是"苏联的社会主义建设",但本单元的知识重点不是苏联社会主义建设取得的成就或存在的问题,而是苏联在社会主义建设过程中对经济政策进行的一系列调整。包括列宁的战时共产主义政策、新经济政策、斯大林模式及二战后赫鲁晓夫、勃列日涅夫、戈尔巴乔夫为摆脱斯大林模式束缚,克服经济困难而进行的一系列政策调整。因此,就可以把单元标题改为"苏联社会主义经济政策的调整",以对应第六单元的《世界资本主义经济政策的调整》。这就使两个单元的内容在结构上形成一个整体,从而有利于学生通过对资本主义国家和苏联社会主义国家在经济政策上调整的对比分析,得出以下结论:不同社会制度的国家为恢复和发展经济在政策调整上是可以相互学习借鉴的。从而使学生能够更好地理解"计划多一点,还是市场多一点,不是社会主义与资本主义的本质区别。计划经济不等于社会主义,资本主

义也有计划；市场经济也不等于资本主义，社会主义也有市场。计划和市场都是经济手段"著名论断，从而真正理解、认识到中共做出的"建设社会主义市场经济体制"决策的正确性。

如果某课的标题不能很好地体现教材内容的体系结构，也可以适当修改。如人教版必修二第一单元第四课《古代的经济政策》，教材首先讲了我国古代土地制度的演变过程。从严格意义上讲，土地所有制不属于经济政策，因此可以把本课标题改为"古代的土地制度和经济政策"；也可以不改标题，把土地制度的演变调整到第一课《发达的古代农业》中去，而把本课的学习重点放在对重农抑商、海禁、闭关锁国政策的含义、内容及造成影响的分析上，进而了解资本主义萌芽缓慢发展的情况，并分析其发展缓慢的原因，从而对本课教学目标有一个完整的理解和深入的分析。

如何根据历史背景推导出重大改革的主要内容

——以《日本明治维新》为例

作为历史上的重大改革之一，发生在19世纪中后期的日本明治维新无论对本国，还是对亚洲其他国家乃至整个世界的发展都产生了深远的影响。那么，如何引导学生从明治维新的历史背景入手，逐条推导出这场运动的主要内容，并据此分析这场运动产生的影响及其取得成功的原因，就是需要教师在课堂教学中引导学生解决的问题。下面结合课堂教学实际，我谈谈自己在这方面进行的探索和实践。

在讲授人教版选修一《历史上重大改革回眸》之始，我就明确告诉学生：无论在什么时期、哪个国家进行的改革运动，其根本原因就在于当时旧的上层建筑严重阻碍了新的经济基础的发展。这是历史学习应掌握的一条规律。具体到日本明治维新，其发生的根本原因就在于当时日本的幕藩体制严重阻碍了资本主义经济的发展。那么，幕藩体制是如何阻碍资本主义经济的发展，明治政府又是如何通过改革来破除推动经济发展的阻碍的呢？

一、政治上的幕府夺权、藩镇割据、封建等级制度阻碍经济发展

在幕藩体制下，天皇只是名义上的最高统治者，实权掌握在设在江户（后改名为东京）的幕府将军手里。因此，对1867年登基的睦仁天皇来说，进行明治维新的首要目标就是要推翻幕府统治，夺回失去的权力，并且把天皇的权力以法律的形式确立下来。为此，他在武装倒幕的"戊辰战争"结束后，在1869

年就把首都从京都迁至当时的经济中心东京，并且在1889年颁布了《大日本帝国宪法》，明确规定"天皇神圣不可侵犯"，天皇拥有批准宪法、任免大臣、召集和解散议会、宣战、媾和及统帅军队的权力。这就使得这部宪法具有浓厚的封建主义色彩。同时，宪法也适应了历史发展潮流，规定国民享有法律范围内的言论、通信、出版、集会和结社的自由，并在形式上确立了三权分立的国家体制。这使它成为日本也是亚洲的第一部资本主义性质的宪法，对亚洲其他国家，特别是中国的戊戌变法运动产生了深远影响。

在幕藩体制下，全国有两百多个听命于将军的"藩"，藩的首领大名享有领地的世袭统治权。他们形成强大的地方割据势力，威胁着中央集权，削弱了君主专制。因此，为了消除地方割据势力，加强中央集权，明治政府逐步收回了各藩的领地和对人民的统治权，并在1871年宣布"废藩置县"，把全国划成3府72县，由中央派官员直接进行管理。同时，为了缓和矛盾，加强对大名的控制，明治政府给予大名优厚的补偿，并把他们迁到东京定居。这就使统一的中央集权国家建立起来，从而有利于形成全国统一市场，推动社会经济的发展。

在幕藩体制下，日本存在着士、农、工、商等封建身份等级制度。将军、大名、武士属于"士"这一等级，是统治阶级；农民约占全国人口的80%，世代为领主耕种，不仅交纳繁重的地租，还要负担各种杂役和劳役；工商业者大多居住在城市，受到统治者的歧视；此外还有处在社会最底层的"贱民"，从事着被认为最低贱的职业。各等级间的界限森严，世袭不变，互不通婚，衣食居住都有区别，阶级矛盾不断激化。因此，在明治维新中，政府采取措施废除封建等级制度，实行新的身份制度，并宣布"四民平等"：一是取消公卿及大名的称号，改称"华族"，地位仅次于皇族；废除武士称号，统称"士族"，并通过公债补偿的形式，逐步收回华族与士族的俸禄与禄米。这样华族和士族可以利用巨额公债投资工商业，成为新兴资本家，并利用国家的力量完成资本原始积累，从而为社会经济的发展提供资金。二是从事农工商职业的人和贱民统称为"平民"，平民有了更多的自由，可以使用姓氏，与华族、士族通婚，能够自由择业和迁徙。这就大大缓和了社会矛盾，从而为资本主义经济的发展营造了稳定的社会环境，并提供了大量自由廉价的劳动力。

二、经济上的领主土地制、重农抑商、货币体制阻碍经济发展

在幕藩体制下，日本实行封建领主土地所有制。全国的土地名义上归天皇所有，但实际上将军拥有全国四分之一的领地，除留下部分自用外，其余的分封给大名。大名分得的土地除部分直辖外，又分封给自己的家臣（武士）。一些等级较低的武士不能直接分得土地，则从将军和大名那里获得俸禄。分得土地的大名和武士对封地有使用权和管理权，但没有所有权，禁止土地买卖。农民作为土地的直接耕种者，不但没有土地的所有权，还要缴纳繁重的地税，这就加重了农民的负担，制约了他们的购买力，从而不利于社会经济的发展。因此，明治政府在经济领域改革的首要目标就是废除封建领主土地所有制，承认土地私有，允许自由买卖。这就保障了新兴地主的土地所有权，调动了他们经营农业生产的积极性，促进了农业发展。1873年，政府颁布地税改革法令，规定一律按地价的3%向土地所有者征收地税，并以货币支付。这大大减轻了无地农民的负担，也使土地所有者更加关注如何才能获得更多的货币收入，从而推动了农村商品经济的发展。同时增加了政府的财政收入，为国家工业化政策的实施提供了有力保证。

在幕藩体制下，日本实行重农抑商政策，表现为降低商人的社会地位、在各地设立关卡对过往商品征收重税、成立封建行会约束工商业生产规模等，严重阻碍了资本主义工商业的发展。因此，在明治维新中，政府宣布"四民平等"，从而提高了商人的社会地位，并撤销各地关卡和封建行会，这就为社会经济发展清除了障碍。

在幕藩体制下，日本的货币体制也存在着严重问题。如19世纪五六十年代，日本黄金与白银的比价为1：5，而国际市场上是1：15，日本的白银价格比国际市场上贵三倍。于是，一些西方人购进大量银圆运到日本交换黄金，致使大量黄金从日本流出，造成钱价下跌，米、盐等生活必需品价格暴涨。因此，明治政府在1871年下令改革币制，以金本位的纸币日元作为全国唯一的货币，从而统一了全国货币，稳定了物价与市场，并且为1873年的地税改革创造了条件。

三、军事上的武士特权、装备陈旧、观念落后阻碍社会发展

在幕藩体制下，作为将军和大名豢养的家臣即武士阶层，从主人那里得到封地和禄米，必须对主人效忠，日本没有一支正规化的国家军队。作为职业军人，武士虽然拥有佩刀和垄断军职的特权，但其武器装备陈旧，思想观念落后，不利于军队战斗力的提高。因此，在明治维新中，政府废除了武士阶层及其佩刀和垄断军职的特权。从1873年开始，通过实行义务兵役制，仿照欧美国家建立了一支常备军。它由军部指挥，不受内阁干预，只向天皇负责，称为"皇军"，所有的军人都要接受武士道教育，必须效忠天皇，把天皇当作"神"来崇拜。这支军队保留了浓厚的封建军国主义色彩，成为日本对外侵略的核心力量。同时，从国外大量购进先进武器，建立军工企业，改进武器装备，并设立军事院校，培养指挥人才。

通过以上措施，到1890年，日本建立了一支拥有五万多名现役军人和三十多艘舰艇的现代化军队，大大增强了本国的国防力量，并且为20世纪初完全废除不平等条约，实现民族独立和国家领土主权的完整奠定了基础，也为日本对外侵略扩张准备了条件。

四、外交上的闭关锁国政策以及引发的连锁反应严重阻碍社会发展

在幕藩体制下，为了禁止天主教的传播和由幕府统管对外贸易，17世纪30年代，德川幕府连续发布5道锁国令，严禁国人与外国进行贸易，把外国人和传教士驱逐出境，只允许同中国、朝鲜和荷兰等国在长崎一地通商。同时规定日本人不得出国，也不许国外的日本人回国，甚至禁止制造适于远洋航行的船只。这不但严重阻碍了本国商品经济的发展，也使日本落后于世界文明发展的潮流。同时，也使日本开始遭到西方列强侵略，并被迫与列强签订不平等条约。日本民族危机不断加深，社会矛盾更加尖锐。

为了改变落后面貌，顺应世界潮流发展，明治政府放弃了实施两百多年的闭关锁国政策，大力倡导学习西方资本主义文明，实行"文明开化"政策。

为此，明治政府首先从西方大力引进先进的技术、设备和人才，从而推动了本国社会经济的快速发展。并且派遣大批学生留学欧美，翻译出版西方著作，掀起传播欧洲启蒙思想的热潮。同时，还按照欧美国家模式，进行教育体制改革。1871年成立文部省，统管全国教育，逐步建立小学、中学、大学三级教育体制。其中，小学为义务教育，教学内容增加了许多自然科学知识，为日本社会的发展提供了大量人才。但是，日本教育贯彻的是"和魂洋才"原则。"和魂"指重在培养学生忠君、爱国思想；"洋才"指要求学生掌握西方先进的科技知识。这就造成日本学生的封建忠君思想色彩浓厚。

在生活习俗，如历法、头饰、服饰、饮食、建筑等方面，明治政府也大力推进西化。日本的社会面貌发生了深刻变化，同时也出现了崇洋媚外的倾向。

在对外关系上，随着日本经济、军事实力的增强，明治政府为废除幕府时期与列强签订的不平等条约进行了不懈努力。如1894年，日英签订条约，英国同意放弃治外法权。此后，美、俄、荷等国也与日本签订了类似条约。这样，到20世纪初，日本完全废除了西方列强强加的不平等条约，获得了国家主权的独立和完整，并最终摆脱了民族危机，成为亚洲近代唯一走上独立发展道路的国家。

与此同时，为了掠夺海外市场和原料，满足本国经济发展的需求，明治政府"欲开拓万里波涛，布威于四方"，加紧对外侵略扩张。如1876年侵入朝鲜，强迫其签订《江华条约》；1879年正式吞并琉球，改名为冲绳县；1894年，挑起甲午中日战争，1895年强迫清政府签订《马关条约》，割让台湾；1900年参与八国联军侵华；1910年通过《日韩合并条约》，把朝鲜变为其殖民地等。日本在侵略中国、称霸亚洲的道路上越走越远，最终成为第二次世界大战的"亚洲战争策源地"，给亚洲和世界人民带来深重的灾难。

以上就是通过紧抓日本明治维新的历史背景，逐步推导出明治政府在政治、经济、军事、外交、文化教育、生活风俗等方面采取的一系列变法措施及其产生的深远影响，并且通过这样的推导使学生明确：明治政府的改革措施不但内容全面，涉及社会的各个方面，而且针对时弊、切中要害、大刀阔斧、行之有效，在很大程度上为明治维新最终取得成功奠定了坚实的基础。同时，也为学生深刻理解19世纪末中国的戊戌变法运动最终失败埋下了伏笔。

高三毕业班课前两分钟的变奏曲

近年来，我校在借鉴内地学校先进办学经验的基础上，加大了对教学工作的规范和管理力度。其中课前两分钟作为学校的规定动作，要求在全校范围内贯彻执行。历史学科当然也不能例外。在具体的实施过程中，非毕业年级的学生在教师的组织、引导下通过讲历史小故事、成语典故、猜历史人物等形式，搞得有声有色。学生学习历史的积极性有所提高，课堂气氛也比较活跃。但是，对高三毕业班的学生来说，怎样才能更好地搞好课前两分钟，起到既能引起学生兴趣，又能夯实基础知识，提高学生分析、解决问题的能力，进而提高历史高考成绩的作用，是毕业班的教师和学生都应认真思考的问题。我也对此进行了不断的探索和尝试，下面就把我的具体做法写出来，供大家参考借鉴。

在高三毕业班开展课前两分钟活动，并不是一件容易的事情，教师和学生担心只重形式，没有实效，会影响到今后的高考成绩。因此，在其他年级的课前两分钟搞得热火朝天时，高三的一些学科，特别是历史学科并没有太大的动静。但学校的要求、形势的发展迫使我不得不把这项活动搞起来。在我的心中，对待这项工作，不做则已，要做就要用心做好。所以，在下决心开展这项活动前，我先和学生统一思想认识，讲明自己的态度和计划。我们商定，这项活动要搞就坚决避免流于形式，要注重实效，同时要坚持不懈，不能半途而废，否则毋宁不搞。

在统一了思想认识的基础上，我首先针对近几年来历史高考难度有所降低，比较关注教材基础知识的实际，再加上高三第一学期还要讲《中国古代史》的新内容的现状，在开始阶段的课前两分钟的准备内容，多以教材重点知识为主，要求学生在规定的时间内把教师或同学们选出的问题统一默写下来，然后交同桌或前后座订正、修改，或对照教材自行修正。所选择的问题当然是教师、学生应该想到的：如商鞅变法的内容、王安石变法的内容、秦朝采取的加强中央集权的措施等等。选题的内容一般在教师课堂讲解之后，作为对所学知识的复习、巩固。这样做了一段时间后，我发现这种方法虽然对于强调教材基础知识，检查学生对基础知识掌握的情况等方面有一定的促进作用，但成效不大，感觉它并不能充分调动全体学生参与的积极性。特别是班级同学在掌握基础知识方面存在着差异，选择的问题不适应各位学生的要求。看到大家对这种方式不冷不热的态度，迫使我想办法改变这种现状。

经过私下和一些学生商议，我们采取了由教师课前写出问题，然后对学生进行讲解的方式进行。我就把历年高考出现过的一些问题，或历年复习过程中选用的一些经典问答题，利用课前两分钟这个时间根据教学进度进行讲解。但坚持了一段时间后，问题出现了。每周6~7节历史课，随着时间的推移，可供教师选题的范围越来越小；而且教师一人承担选题任务，压力是比较大的；如果遇到教师有事耽搁上课，可能会出现问题空缺的现象；时间长了，教师重复选题的现象也在所难免。关键是我发现这样做并不能调动起学生的参与积极性，他们好似看客，在看着教师一人唱独角戏。因此，这种状况也不是教师和学生心目中理想的活动方式。怎样才能实现学生理想中的活动方式呢？我不得不认真思考这个问题。

经过一番斟酌，我决定把课前两分钟选题和讲解的事情全权交给学生处理，由课代表和学习委员经过和全班同学商量，决定选题的同学顺序安排和讲解方式，最终大家选择了轮流选题讲解的方式。这样全班五十多位同学每节课由一人承担活动任务，每人轮流一次，那7~8周的时间就过去了，一学期每个学生也就承担2次活动任务，这样教师和学生的负担会大大减轻。这种活动方式看来应该是教师和学生心中的理想状态了吧！但在推行一段时间后，发现问题又出现了，如有的学生对此态度不够严肃认真，有应付差事之嫌，所选的问题过于简单、直白，起不到高考复习应有的作用。比如，他让大家结合史实分析《马关条约》的内容对中国社会造成的危害，这类问题不是说不重要，但太过于依赖教材，更多体现的是对学生识记能力的要求；有的学生在上台给大家讲解问题时照背，甚至是照读标准答案，不能讲清解答问题的技巧、思路，或自己对一些问题的理解认识；有的学生上台后心情太紧张造成言不达意；而有的学生则太过放松自由，上去后东拉西扯，不切主题，这样教师最后再点评题目选择和学生讲解过程中存在的问题，必然还要占用一些时间。这样无形中就把课前两分钟延长为课前十分钟了，从而在一定程度上影响到课堂教学进程。看来这种活动方式还不是我们心目中理想的状态，那么，我们又该怎么办呢？

经过认真反思，我又做出了新的决定：教师参与其中，收回问题讲解权，由教师讲解，学生对照答案进行点评。同时当着全班同学的面向大家发出倡议，开展学生和教师间的竞赛，看哪个学生选择的问题能难住教师，或对大家答题能力的提高有指导意义，或能抓住复习的重点、难点、时事热点，或看哪个学生找到的问题在今后的模拟试卷甚至在高考试卷中出现。被教师和全体同学认可的问题，给予那位出题同学的奖励就是要求大家把问题记录整理下来。对教师的讲解，要求出题同学对照参考答案，看教师能讲解到什么程度，会遗漏哪些答题点，而且要求教师的口头分析就当作是考卷上的文字表达，不能重复啰唆。如果教师的讲解思路清晰、语言简明、扣题紧密，得到点评同学的充分肯定，作为奖励，由点评同学带领全班同学给予教师热烈的掌声。这样师生约定以后，作为一名教师，的确感觉到了更高的要求和更大的挑战，让教师在进教室的瞬间体会到了心跳和紧张。因为在此之前，我根本不知道有什么样的问题在恭候着我。但经过一段时间的试验和考验，学生和教师从这种课前两分钟的活动方式中体会到更多的是每天的期盼、成功的快乐和学到知识后的满足以及师生教学相长的成就感。具体来说，和以往的课前两分钟相比，发生了如下变化：

第一，教师进教室的时间提前了。

以往教师一般都是踏着铃声进教室，或是提前一两分钟在外面候课。但有了这种课前两分钟活动后，教师进教室的时间不自觉提前了，课间值日生黑板擦得及时了。因为还有学生等着给教师出题目，教师急着看题目呢，这样历史课的课前准备不自觉地及时完成了，师生提前进入到上课状态。

第二，极大地调动学生找题和找好题的积极性。

学生为了找到一道能够得到同学和教师夸奖甚至难住教师的问题，他们在下面查阅了不少资料，也有一些学生上网查找问题。全班同学行动起来查找问题，这不但扩大了问题的选择范围和来源，也极大地提高了所选问题的质量和使用价值。一些热点问题、重要专题问题不断出现，如大国的崛起、中共的民主法治建设、党风建设、国际关系格局的变化、科技革命对经济发展的推动等。比较好的题目有：①概括指出中国近代出现的三次资产阶级民主政治的机遇是哪三次？各自出现的过程和最终结局？②新中国成立后中共在推动社会主义民主政治建设方面出现过哪些重要的政治制度？遇到过哪些挫折和失误，从中得出什么启示？在这两个问题分析讲解后不久的2008年1月乌鲁木齐地区第一次模拟考试历史试卷中就出现了新中国成立初期，中共为推动社会主义民主政治建设采取了哪些重要措施这一问题。从学生答题的情况来看，课前两分钟的试题讲解起到了一定作用，学生的考试成绩有所提高。再如，比较19世纪中后期德国、日本崛起的相似因素有哪些？20世纪30年代两国崛起的相同途径是什么？并分析这种情况出现的相同历史原因和直接原因是什么？二战后两国重新崛起对世界格局产生了什么影响？你从两国崛起的过程中受到哪些历史启迪？这些问题也在后来的考试模拟卷中出现。学生在考场上看到相似问题的兴奋劲是可想而知的。

第三，提高了教师的解题水平和表述能力。

以往教师在课堂上给学生讲解和分析试卷，一般都做了精心的准备，对问题答案了如指掌，熟记在心，因此讲起课来从容不迫，游刃有余，但在语言表述和对问题的理解方面难免语言啰唆。现在教师是在看到问题不知道答案的情况下当场对全班同学给出解答，而且还要尽力向标准答案靠拢，力求答题完美，精心组织答案，准确进行表述，这对教师的要求不可谓不高。所以教师平时一定要尽量多看题，多做题，用心去理解问题答案。只有把功夫下到平时，日积月累才能做到见题解题，解题成功。

我在所教高三两个班级进行这项工作，每天至少要见到两个问题。我在解答过程中肯定有不全面的，或理解出现偏差的情况。如中华人民共和国成立初期我党推动民主政治的措施，我在讲解时就漏掉了在少数民族地区实行的民族区域自治政策。经学生点评，我马上知道应该加上这项措施，并向学生进行了简单解释和重点强调。果然在乌鲁木齐地区一模试卷中就出现了这个问题，结果我教的学生本题得分都非常理想。还有学生出过中国近代国际地位的问题：结合中国近代以来历次对外战争的结局说出中国的弱国地位是如何形成的？历代政府为改变弱国现状做了哪些努力？结果如何？中国的弱国地位从何时才发生了根本性的变化？变化的原因是什么？说明了什么问题？我在讲解这个问题时就没有准确理解中国弱国地位的含义，在给学生解释中国的弱国地位何时发生根本性变化时，错误解释成抗日战争的胜利，提高了中国的国际地位，中国成为联合国创始国、安理会常任理事国之一，而没能准确指出是在新中国成立，推翻三座大山，结束半殖民地半封建社会性质，才真正改变中国的弱国地位。在学生点评后，我对这个问题进行了认真的反思，相信今后遇到类似问题，我不会再犯同样的错误。这不就是教学相长吗？教师也从中增长了知识，这是一件多么好的两全其美的事情啊！

现在的课前两分钟活动的方式比较令教师和学生满意，双方对这种方式都有一种认同感和期待感，这应该是我们无论采取任何一种教学方式都要追求和达到的目标之一。但能不能说现在的课前两分钟活动的方式就是我们心目中的理想状况呢？我看还不能对此形成定论，因为目前的这种方式还存在着一些问题需要改进。

第一，时间安排问题。

有的学生一次出的问题会带出5—6个小问题，每个小问题需要解释的知识点还相对较多，因此在时间把握上，这些小问题的讲解和点评会占十分钟左右的时间。按说只要问题有价值、对学生的历史学习有意义，还是值得的。但如果每次活动都占据太多时间的话，势必会影响教师安排的教学进度，而教师又不能拖堂或提前上课。因此，如何合理安排、掌控时间，还需要教师进一步思考。

第二，学生讲解问题。

这是一个最令我头痛而又无奈的问题。本来现在大力提倡学生的自主性学习，反对教师满堂灌，课前两分钟本来就是给学生搭建的一个展示自我历史学科知识能力的舞台，前面也搞过一个多月时间的训练。但同学们感觉让学生讲解他们收获不大，占用时间又多，他们多次找课代表反映问题，试图解决，但无济于事。最后才找到教师强烈要求教师讲解，他们的理由就是学生的讲解没有深度，思路不清，浪费时间严重。在学生的要求下，在征得全班同学同意的情况下，我这次收回讲解权。但按照我的设想，这种活动方式应该由学生唱主角，挑大梁。因为毕竟是他们去参加高考，教师只能教会他们答题的技巧和方法，而这种技巧方法最终还得通过他们体现在高考成绩上。因此如何才能充分发挥学生的主体作用和主动性，提高他们的应试解题水平，同时又能提高效率，是教师应该用心反思、认真处理的又一个问题。

经过一个多学期的摸索，我深深感到在高三毕业班搞好课前两分钟活动的确不是一件容易的事情，需要教师用心去思考、完善、补充，才能发挥出它应有的作用，体现出它的价值。我的课前两分钟活动变奏曲，就是我在下决心用心去做这个事情的过程中的亲身体会和感受。它还有不完善的地方，还没有达到教师和学生心目中理想的完善状态。但我把它的来龙去脉写出来，提供给大家交流、参考，就是想结合大家好的建议，把它不断发展完善，形成一种对学生有用的参考模式，能够为学生在高考中取得理想的成绩贡献绵薄之力。

第二章

学习方法

新课改背景下历史高考复习的策略和方法

经过不断的修改完善，到2008年包括新疆在内的最后一批省区也完成了从旧教材到新教材的转变。就历史学科而言，新旧教材无论在编写体系还是教学内容等方面都发生了很大变化。教师的教学理念、教学方法、课堂上的师生关系、教学目标要求也有了重大变化。

作为高中教学指挥棒的高考，在考试的能力要求方面也经历了从历史知识考查到历史思维能力考查，再到历史学科价值观考查的演变过程。这种命题趋势的演变，恰恰反映了现在课程理念的变化。因为《基础教育课程改革纲要》明确指出：课程改革的目标之一就是"改变课程过于注重知识传授的倾向，强调形成积极主动的学习态度，使获得基础知识与基本技能的过程同时成为学会学习和形成正确价值观的过程"。因此，高考命题在关注基础知识和基本技能的同时，更加注重引领学生树立正确的价值观念。下面我们就结合近几年历史高考试题的变化特点，来探究在新课改背景下，更好备考复习的策略和方法。

一、新课改背景下历史高考试题呈现出的特点

（一）从最近几年历史高考试题的命题依据来看

第一，它的最大特点就是命题主要依托考纲而不守版本。现在的历史课程有多种版本的教材，高考试题不可能以某个版本为依据，而忽略其他版本。所以，命题以考试说明为依据，尤其是考试说明成为高考复习的重要指导资料。建议学生复习时要根据本地区考试说明了解考试内容、范围和要求，把握考试形式、试卷结构等。

第二，命题特别强调新的史学观念，如文明史观（包括物质、政治、精神、社会文明史；各国各地区人民创造的优秀文明成果是人类的共同财富；人类文明是多元的）、现代化史观（包括经济、政治、文化、社会生活现代化，其核心是经济工业化和政治民主化）、全球史观（工业文明从西欧国家向世界其他国家扩展，是世界从孤立分散状态走向整体的过程，其根本动力是生产力的发展）。

例1：美国历史学家斯塔夫里阿诺斯总结说："要确切认识西方的历史或非西方的历史，没有一个包括这两者的观点是不行的；只有运用全球性观点，才能了解各民族在各个时代中相互影响的程度以及这种相互影响对决定人类历史所起的重大作用。"作者在这里强调（　　）。

A. 从西方的角度认识非西方的历史

B. 从非西方的角度认识西方的历史

C. 用比较的方法认识西方和非西方的历史

D. 用整体性的观点认识西方和非西方的历史

还有社会史观（即研究历史不仅要关注大人物和大事件，还要关注小人物，关注与普通百姓相关的小事，其实质就是大众化、生活化）、生态史观（总结人类处理自身与自然关系的历史经验和教训，促进人与自然和谐相处与协调发展是生态史研究的主旨。引导学生从历史的角度认识人与自然的关系，培养和增强其生态环保意识）。

例2：20世纪中期以前的泽西城，有过令人自豪的"黄金时代"。那时候，"没人关心环境，烟囱冒烟就意味着工作的机会"，火车昼夜呼啸，烟囱喷吐浓烟，河水散发恶臭……

20世纪70年代起，泽西人重新考虑城市的发展方向，开始重点扶持金融、保险、房产和高新技术企业，城市逐渐恢复了生机：城区绿树成荫，烟囱不再喷吐浓烟，新型科技园区如雨后春笋般出现……

问题：上海要建设"绿色城市"，作为一个市民你应该为此做些什么？谈谈你对"城市，让生活更美好"的理解。

这些新的史学观念已经深深地影响着试题的命制，成为高考历史试题之魂，几乎到了脱离新史观就无法成题的程度。所以我们在日常的学习过程中必须全面把握这些新史观，准确了解它们的含义、内容和表现，学会用这些新史观来指导我们的学习和做题。

第三，命题特别强调新的课程观念。按照新课程观，历史教材不是唯一的学习资源，历史课程资源有物质的、人力的，有直接的、间接的，还有有形的、无形的资源，包括教材、教师、学生、场地、媒介、环境、图书馆、博物馆、互联网、社区、历史遗址、文物等有形资源；还包括时间、知识、技能、经验，教师的素质、教学方法，学生的素质、学习方式，情感、态度与价值观等无形资源。这种观念反映到高考命题中，就是命题者可以从丰富的课程资源中去寻找命题素材，大量运用新材料，设置新情境，考查学生在新情境下分析、解决问题的能力，从而彻底摆脱死抠教材知识点的困境。这就需要学生扩大自己的读书学习范围，尽量拓展汲取知识的途径和渠道，学会做学习和生活的有心人。

（二）从最近几年历史高考试题的能力要求来看

在新课改背景下，高考对学生能力考查的要求明显提高。而能力考查的范围包括学会论从史出、史论结合的能力；实现古今贯通、中外关联的能力；分析比较、综合概括的能力；关注现实、学以致用的能力等。

例3：（2010年天津文综）（40分）在历史进程中，法制与社会有着密不可分的关系，阅读材料，回答问题。

材料一：

据《唐律疏议》卷一"十恶"条：一曰谋反（谓谋危社稷）；二曰谋大逆（谓谋毁宗庙、山陵及宫阙）；三曰谋叛（谓谋背国从伪）……"诸谋反及大逆者皆斩"。

——张晋落《中国法律的传统与近代转型》

（1）概括材料一的主要内容，并指出中国封建时代法律的本质特征。（4分）

材料二：

（明初）市场管理立法初具规模，包括对商品价格的估定、度量衡的规范、牙商（中间人）的管理、不正当经商行为的处置都有专门的法律条文。洪武三十年（1397年）申禁人民不得擅出海与外国互市。

——张晋落《中国法制通史》

（2）材料二反映了明初法律的哪些内容？这些法律对当时的社会经济有何影响？（8分）

材料三：

第8条所有法国人都享有民事权利。

第537条除法律规定的限制外，私人得自由处分属于其所有的财产。

第1134条依法成立的契约，在缔结契约当事人间有相当于法律的效力。前项契约，仅得依当事人相互的同意或法律规定的原因取消之。

——《拿破仑法典》

（3）材料三体现《拿破仑法典》的哪些基本原则？该法典有何影响？（6分）

（4）以英、美、法为例，说明立法在确立资产阶级统治中的作用。（6分）

材料四：

民国初颁布了《商人通例》《公司条例》《证券交易所法》等法规，涉及生产、交换、分配、消费和政府管理等领域。在全国工商会议上，工商界代表对公司注册章程、商标法、商会法等提出了许多建议和要求，工（农）商部在制定相关法规时均有所采纳，并在参考西方有关法规的基础上，较多地注意了本国状况。

——摘编自《民国初期的经济法制建设》

（5）归纳材料四所反映的民国初期经济立法的特点，指出其历史作用。（6分）

（6）综上，谈谈法制与社会发展的关系。（2分）

答案要点：

（1）对危害统治的行为给予严惩，维护君主专制统治。

（2）加强市场管理；实行"海禁"。市场立法规范了商品市场，顺应了商品经济发展的要求。实施"海禁"不利于开拓海外市场，阻碍了社会经济发展。

（3）法律面前人人平等；保护私有财产；契约具有法律效力。维护了资产阶级革命成果；成为资本主义世界的法律经典；对世界产生广泛的影响。

（4）英国颁布《权利法案》确立了君主立宪政体；美国通过1787年宪法确立了联邦制共和政体；法国通过1875年宪法确立了共和政体。

（5）经济立法涉及领域较为广泛；反映了资产阶级的要求；将西方有关法规与本国实际相结合。促进民族资本主义的发展。

（6）法律伴随社会发展不断进步与完善；法制是民主政治和社会经济发展的重要保障。

（三）从最近几年历史高考试题的组成形式来看

高考对主干知识的考查不是一成不变的，而是"常考常新"，命题者在遵循相关规定和考纲要求的基础上，更多地体现为新情境的创设和对材料的解读分析。材料形式多样，除了文字材料外，还有连环画、表格材料、历史漫画、图片说明、数学曲线图等各种形式。而且历史材料的运用从原来的材料解析题（即主观问答题部分），已延伸到了单项选择题（即客观试题部分）。比如2010年全国文综1卷的历史单项选择题包括文字材料题10个，表格地图题2个，充分凸显了学生阅读理解材料能力的重要性。2011年全国文综2卷的历史单项选择题也是文字材料题8个，表格地图题2个，没有材料或表格地图而直接设问的有2个。

（四）从最近几年历史高考试题的考查范围来看

新课改背景下，高考试题重视对学生人文素养和学科意识的考查。高中历史相关规定对培养学生情感态度与价值观的课程目标作了明确的阐述，其中包括"弘扬和培育民族精神""加深对历史上以人为本、善待生命、关注人类命运的人文主义精神的理解""认识人类社会发展的统一性和多样性，理解和尊重世界各地区、各国、各民族的文化传统""进一步形成开放的世界意识"等内容。因此，关注人文素养，体现课改精神，必然会成为高考命题的重要价值取向。历史学科的人文素养和学科意识包括：论从史出、史论结合的历史意识；热爱祖国、弘扬文化的民族意识；以人为本、善待生命的人文意识；求同存异、服务世界的世界意识；崇尚科学、坚持求真的科学意识。

例4：阅读材料，回答下列问题。

在菲律宾马克坦岛上，航海家麦哲伦遇难的地方有一座纪念亭，亭中立有一块石座铜碑。碑的正面有这样的文字："费尔南多·麦哲伦。1521年4月27日，费尔南多·麦哲伦死于此地。他在与马克坦岛酋长拉普拉普的战士们交战中受伤身亡。麦哲伦船队的一艘船——维多利亚号，在埃尔卡诺的指挥下，于1521年5月1日升帆驶离宿务港，并于1522年9月6日返抵西班牙港口停泊，第一次环球航海就这样完成了。"

这块碑的背面，则刻着另一段文字："拉普拉普。1521年4月27日，拉普拉普和他的战士们，在这里打退了西班牙入侵者，杀死了他们的首领——费尔南多·麦哲伦。由此，拉普拉普成为击退欧洲人侵略的第一位菲律宾人。"

纪念碑正面和背面镌刻的文字都包含着对逝者的价值评价，其依据有何不同？这种评价差异反映了价值判断的什么特点？

答案：纪念碑正面的文字是对麦哲伦的评价，依据是他领导了第一次环球航海，对人类文明做出了贡献；背面的文字是对拉普拉普的评价，依据是他领导反侵略斗争，对祖国做出了贡献。价值判断具有相对性，人们的社会地位不同、需要不同，价值判断也就不同，会对同一事物或行为做出不同甚至截然相反的判断；价值判断的相对性并不否定价值判断的客观性，做出正确的价值判断，必须遵循社会发展的客观规律。

历史教育就是要给学生一种道德判断标准、一种价值取向、一种思维方式、一种内在的精神、一种对社会的认识和责任。所以，高考试题会挖掘隐藏在历史知识之中的深层次的内涵，给学生一种人文精神的熏陶，以培育其人文素养。

此外，新课改背景下的高考降低了对烦琐的历史知识点的记忆要求，而强调在理解的基础上识记重点知识，并加强对历史学习方法和研究方法的考查，其目的就是让学生从死记硬背中解脱出来，把更多的精力放到对历史知识的理解和感悟中去。命题也主要选用积极、正面的材料，引导学生培养正确的情感态度与价值观。

二、备考复习过程中应该提高的历史学科能力

为了应对新课改背景下的高考，我们在平时的备考复习过程中就要有意识

地培养提高学生的历史学科能力，包括获取和解读信息的审题能力、调动和运用知识的迁移能力、阐释和描述事物的表述能力、论证和探讨问题的理解能力。

审题能力能够反映出学生的综合素质，是影响学习成绩的关键。这就要求学生在审题过程中不能一味求快、一目十行，而要采取读题目、释题意、找关键、画横线等方式进行专门训练，从而养成良好的审题习惯。

例5：哥伦布发现美洲以及接踵而来的葡萄牙人、英国人、法国人等，对新土地进行殖民和占有……还使新旧大陆的物产得以交换和传播……没有美洲贡献的大量金银与物质财富，没有北美的自由移民垦殖区，西方资本主义的发展将会缓慢得多，英国也不可能成为发动工业革命的国家……东西两半球的不同文化圈的大汇合，加速了人类从传统农耕文明向现代工业文明转变的过程。

——黄邦和《通向现代世界的500年：哥伦布以来东西
两半球汇合的世界影响》

问题：依据上述文字材料归纳新航路开辟的影响。

分析：通过对题目和材料的审读，获取并提炼关键信息：美洲开始沦为欧洲的殖民地；促进了西欧资本主义的发展；促进了世界物质文明的交流和传播，世界市场开始出现，人类走向整体世界，促进了人类向工业文明的转型。

迁移能力就是要求学生从材料中获取有效信息，将已获取的信息还原到课本知识上去，并运用已有知识去解决问题。

例6："人人自有定盘针，万化根源总在心。却笑从前颠倒见，枝枝叶叶外头寻。"这首诗反映了（　　）。

A. 孟子的"仁政"　　　　　　B. 董仲舒的"独尊儒术"

C. 王阳明的"心学"　　　　　D. 顾炎武的"经世致用"

表述能力就是学生在描述和阐释历史事件、人物、观点时要注意使用学科术语，注意语言的逻辑性、层次性，能够科学、准确地表述事物的现象和本质。并且能够抓住得分点，语言不在多而在精。

理解能力就是要求学生运用判断、比较、归纳的方法论证历史问题，运用批判、借鉴、引用的方法评论历史观点，并能独立针对历史问题和历史观点提出自己的看法。如对历史结论的理解，学生在复习中，要会问为什么，想一想得出某个结论的史实依据是什么。

例7：有学者认为，外国商品输入造成中国自然经济逐步瓦解。可以作为该观点直接证据的是（ ）。

A. 19世纪末镇江海关报告称："从前如江北内地各州县，均用洋布，近则用土布者渐多。"

B. 20世纪初有人指出："商市展拓所及，建筑盛则农田少，耕夫织妇弃其本业而趋工场，必然之势也。"

C. 1853年的《顺德县志》载："女布（指土布）遍于县市，自外洋以风火水牛运机织布，舶至贱售，女工几停其半。"

D. 1850年，美国驻厦门领事说："这里对棉织品的需要，和在广州、上海一样，长期受到限制。"

三、备考复习过程中应该恰当处理的几个关系

在日常的备考复习过程中，我们还要恰当处理好以下几个方面的关系：

第一，选修与必修的关系。必修模块是通识内容，选修模块则是必修内容的拓展延伸，高考对二者考查的难度系数不同，分值差异也较大。因此，在备考复习过程中要立足必修模块，兼顾选修模块。一般来说，选修模块在高考中所占比例不超过20%，考查内容多为核心知识。

第二，大字与小字的关系。以往高考强调教材知识中的大字与大事，新课改后不同版本的教材中，对于同一事件，大字与小字呈现方式不一，大事与小事叙述详略不一，所以现在高考考查的范围就没有大字与小字之分了。如《大宪章》在人教版教材中为小字内容，而岳麓版教材则在正文部分介绍。新课程教材对于和相关规定要求密切相关的小字部分同样进行重点分析和讲解，学生在复习中也要重点把握。

第三，人教版与其他版本教材的关系。"一标多本"是新课程的亮点，也是实施新课程的难点，其实任何版本的教材都是根据高中历史相关规定编写的，它是教材编写、教学、评估和考试命题的依据。因此，学生在钻研相关规定的基础上，用好一本教材，就能达到各个版本教材的要求。关于高考所涉及

的历史事件，各版本表述不同时，命题者会从命题技术上加以处理。如人教版与岳麓版对五四运动的表述并不一致，但丝毫不影响命题的公平和公正。

例8：1919年5月5日，天津《大公报》刊登"北京特约通讯"，标题为《北京学界之大举动——昨日之游街大会 / 曹汝霖宅之焚烧 / 青岛问题之力争 / 章宗祥大受夷伤》。从上述标题中能获得的信息是（   ）。

A.京津两地工人罢工游行　　　　B.学生爱国浪潮遍及全国

C.外争主权、内除国贼　　　　　D.北洋政府逮捕大批学生

第四，考试说明与教材的关系。影响高考历史备考复习的关键因素，就在于能否正确处理好教材、相关规定与考试说明之间的关系。学生在日常的历史学习中，必须紧扣相关规定，而对于备考复习来说，还必须以考试说明为备考指南。学生要在教师的指导下，依据考试说明，对照相关规定和教材，将考点细化，按纲目顺序逐个进行复习；同时要多做按样题设计的能力训练题，适当拓宽知识面，突出主干知识，突破重点难点，以符合考试说明的各种能力要求。

第五，通史与专题的关系。相关规定的体例为专题体系下的通史，而考试说明的体例则为通史体系下的专题。在高考复习中，学生要以考试说明为指导，重新构建历史知识的"通史"和"专题"体系。如世界史可以整合为以下八大通史性质的专题：

（1）希腊罗马的政治建设与西方人文精神兴起。

（2）近代资本主义世界市场的形成与工业革命。

（3）近代欧美资产阶级代议制度的确立与发展。

（4）科学社会主义理论的诞生与国际工人运动。

（5）十月革命与苏联社会主义建设的经验教训。

（6）罗斯福新政与当代资本主义世界的新变化。

（7）二战后世界政治格局的演进与经济全球化。

（8）近现代世界的科学技术及文学艺术的发展。

此外，相关规定强调历史发展的多样性和多元化。如必修一要求"学会从历史的角度来看待不同政治制度的产生、发展及其历史影响"；必修二要求

"理解历史上不同国家与地区的经济发展模式，并对其做出科学的评价与解释"；必修三要求"认识人类思想文化发展的多样性，理解和尊重世界各地区、各国家、各民族的文化传统"等。历史发展的多样性和多元化要求学生在了解和认识历史现象时，要抛弃过去那种非此即彼的思维模式，要有开放的意识、宽阔的视野，能理性、宽容、立体、多方位地看待和评价历史事物。

例如，对罗斯福新政的复习可以选择多元的视角：从革命史观的传统视角来看，罗斯福新政代表了垄断资产阶级利益；用现代化史观复习，侧重掌握罗斯福通过国家干预，调整美国经济发展模式，应对和解决经济危机的措施；用文明史观复习，强调罗斯福新政开创了新的世界经济发展模式；用社会史观复习，侧重掌握罗斯福采取了哪些措施应对和解决危机带来的严重社会问题，如失业、贫困等；用生态史观复习，侧重掌握罗斯福采取了哪些措施，如综合治理田纳西河流域等，应对当时美国所面临的生态环境危机。

探索行之有效方法，提升备考复习效率

在紧张的高考备考复习阶段，能否探索出符合自身实际，并且行之有效的学习方法，是每一位考生都应该认真思考和解决的问题。那么，有没有一些具有共性且行之有效的方法能够提供给学生来提升备考复习效率呢？根据自己多年指导备考复习的经验，有以下方法可以供广大考生参考借鉴。

一、回归教材、构建历史知识体系

历史是由知识内在的"点、线、面"所构成的一个有机整体，这一学科的特性之一就是历史知识所具有的整体性、系统性。如果我们仅掌握、记忆一些分散的知识点，不可能把历史学好，也适应不了现代高考的需要。现代高考要求我们必须抓住考试大纲中各知识点间的内在联系，把大量分散的、相对孤立的历史事实、历史概念和历史结论纳入完整的学科体系中，形成科学的知识网络。要做好这项工作，我们就必须完成以下任务：

首先，要抓住点。如香港问题，我们可以抓住六个点：①1841年英军侵占香港岛；②1842年《南京条约》规定割香港岛给英国；③1860年《北京条约》规定割九龙司一带地区给英国；④1898年英国强租新界；⑤1941年太平洋战争爆发后，日军占领香港（日本战败后仍归英）；⑥1984年《联合声明》签署，1997年中国恢复对香港行使主权。这样对香港问题就一目了然了。

其次，要连点成线。线就是事件之间内在联系的线索。如自给自足的封建自然经济、洋务派兴办的近代企业、民族资本主义经济、外国资本主义经济、官僚买办资本主义经济、中共新民主主义经济，这些点构成了中国近代经济结构变化这一条线。再如世界近代史有三条基本线索：新航路开辟和早期殖民扩张、17—18世纪英美法早期资产阶级革命、19世纪六七十年代资产阶级改革和革命运动、第一次和第二次工业革命、资本主义进入帝国主义阶段等时间点，连点成线，就构成了资本主义产生、确立、发展和基本成型的第一条线索；科学社会主义的诞生、第一国际和巴黎公社、列宁主义的诞生等点，连点成线，就构成了国际共产主义运动的第二条线索；拉丁美洲的独立运动、亚洲革命风暴、亚洲的觉醒等时间点，连点成线，又构成了近代亚非拉民族民主运动的第三条线索。

最后，要铺线成面。面就是反映历史时期或阶段的整个内容。上面提到的世界近代史的三条基本线索铺展开来，就构成了世界近代史整个知识体系的面。

总之，只要我们把握住了历史知识体系，就能比较轻松地掌握一个时期或阶段的整个内容，抓住历史的阶段特征，解决问题也就能撒得开，收得拢。

二、超越教材、概括归纳历史知识

现在高考对学生概括归纳历史知识的能力也提出了明确的要求，这就促使我们在平时的教学中要注重加强对学生这方面的训练，以便适应高考的需要。在实际的教学活动中，我们可以从以下几个角度来训练学生这方面的能力：

第一，要求学生脱开教材原文，依据所见问题的题意把相关的事实和内容自行提炼、概括，形成自己的见解，然后用精练的语言准确表述出来。如19世纪下半叶德国历史发展的特点，我们可以引导学生概括归纳为：

政治上结束分裂状态，实现国家和民族统一，为资本主义发展铺平了道路，同时保留了某些封建残余；经济上两次工业革命交叉进行，出现高度集中的垄断组织，推动资本主义经济迅猛发展；对外政策上，继承普鲁士的军国主义传统，积极推行海外殖民扩张政策，成为最富于侵略性的国家和世界战争策源地之一；阶级关系上，无产阶级争取自身解放的斗争进入一个新阶段，成为当时国际共产主义运动的中心。这样就比较全面地把握住了这一时期德国历史发展的特点。

第二，要求学生遇到问题能够根据题意，以时间为序来概括、组织答案。

如2004年高考试题（江苏卷）：结合相关社会背景，概述十月革命后到二战前苏联（俄）农业政策的重大变化及其影响。从中可以得出什么启示？我们可以引导学生以时间为序将其变化概括归纳为：1917年11月没收地主、皇室和寺院的土地，分配给农民耕种；1918年实施余粮收集制；1921年用固定的粮食税代替余粮收集制；1927年实施农业集体化方针。这就把握住了苏联（俄）农业政策变化的全过程。

第三，要求学生在学习的过程中把握住某些规律性的解题思路。如中国古代不同时期社会经济发展的共同原因，可从以下方面概括：国家统一，社会政局相对稳定，特别是统治者采取的一系列经济政策的调整；各民族之间的经济、文化交流，民族融合进一步加强；对外经济文化交流的发展；自然科学技术的进步，特别是历法成就的取得，农学专著的出现；广大劳动人民辛勤劳动的结果。只要我们掌握了这些规律性的知识，相关问题就可以迎刃而解。

三、依托教材、认真组织复习

根据目前高考发展趋势，我们在复习中应降低难度，强调学生再认再现历史知识的能力，引导学生关注热点问题，突出历史学科的主干知识。为此我们建议：

第一轮单元复习要把大部分时间用于引导学生完成对教材知识点的掌握和理解上。教师对教材考试内容只讲一遍，主要帮助学生落实和分析历史基础知识，包括历史事实、概念、基本线索、发展过程、结论、阶段特征。这轮复习一定要帮助学生夯实基础，对历史知识有一个准确的理解和掌握，同时讲课进度要放慢，让学生有充足的时间进行消化，千万不能贪多求快。

第二轮专题复习是第一轮单元复习的深化和提高，是培养学生学科能力的关键阶段。这一阶段教师要着重引导学生从不同角度去认识和把握历史，建立起完整的知识体系，掌握历史发展的客观规律，培养他们分析、比较、归纳、概括问题的能力，并培养学生初步运用辩证唯物主义和历史唯物主义的基本观点解决问题的能力。

专题复习时，可以由教师示范归纳和学生自己归纳相结合，建立知识结构体系，做到可横则横，能纵即纵，纵横交叉，从而形成一株网络化的立体知识之树，达到掌握学科体系和认识历史发展客观规律的目的。同时对专题的划分宜粗不宜细，每个专题的内容不必深挖、面面俱到，要注意从多角度、多层次、全方位地进行组合，构成专题板块。还要注意删繁就简，明晰重点，考纲中没有的和新教材中带☆号的内容在复习中可以忽略，但必须重视考纲中的重点和难点知识，突出考纲中保留的历史主干知识。如封建君主专制统治的演变过程；民族融合关系的发展；中国人民探索救国救民道路；社会主义建设道路；资本主义世界体系发展；重大国际关系格局变化等。这些重点难点问题必须突破，不留死角。

高考复习的最后阶段，还要注重加强对学生解题能力的训练，提高他们的解题及应试能力。特别强调教师要有意识地针对近年的高考题给学生讲解训练，认真引导学生研究如何得到标准答案，应该向哪些方面努力，注意什么问题，引导学生领会命题者的意图，努力向标准答案靠拢。这就要求学生回答问题时要做到审清题意，抓住关键，找到突破口，明确重点，突破难点。行文语言简洁准确，层次段落分明，逻辑结构严谨。用史论统率史实，用史实支撑史论，使二者浑然一体。

高三备考复习冲刺阶段应注意的问题

转眼间又到了5月底6月初，7日开始的高考即将来临，对于学生来说，人生道路上所要迎接的一次重要挑战马上就要开始。为了更好地迎接这次挑战，在教师的引导下，学生已经做好了充分的准备。单就历史学科而言，有关教材基础知识的体系梳理，重大历史线索、历史事件、历史人物的专题复习，教师已通过第一、二轮的复习带领学生基本完成，并且还组织了一系列考试和试卷讲评分析，学生对教材的主干知识体系、重难点知识内容有了比较清晰的把握，并且通过教师对试卷的讲评学会了一些解答选择题和问答题的技巧方法。这些准备工作的完成必将为他们在高考中取得理想的成绩打下坚实的基础。

但是，随着上述一系列准备工作的完成，有些教师对最后阶段的备考复习，特别是对如何更有效地利用考前十天、二十天时间进行复习缺乏清醒的认识，要么陷入题海战术，发给学生更多的卷子要求学生完成，再进行讲评；要么把教材主干知识内容再梳理一遍进行重复讲解；要么让学生漫无目的地阅读教材复习。这些复习方法不能说是错误、多余的，关键是要看学生从这些复习方法中到底能有怎样的收获，取得多大的效果，不能让学生在复习的过程中产生厌倦、对抗、逆反心理。比如考试或做卷子太多，有些学生就会消极抵抗，不认真按时、按质、按量地完成试卷；让他们漫无目的地看书复习就会使他们机械读书，不用心去思考教材中哪些知识还没有掌握、哪些知识需要记忆、哪些重点名词解释或结论应该去理解运用。结果只能是看过就忘、忘了再看。这种无效或低效的复习方法不仅占用了太多宝贵的备考复习时间，还会强化他们对历史学科的厌倦情绪。因此，在高三最后阶段的备考复习中，教师一定要尽量避免上述问题的出现。那么到底应该采取哪些方式才能提高复习效率，避免上述问题的产生呢？

一、明确最后阶段备考复习的目标就是"抢分"

经过高二、高三两年对历史基础知识的系统学习训练，学生已经具备了应有的知识储备和答题技巧策略。在迎接高考的最后复习阶段，学生无论采取怎样的复习方式和训练方法，关键就是在原有知识的基础上千方百计取得更好的分数，这就是我们所说的"抢分"战略。这就要求学生结合平常的试题模拟训练中暴露出来的问题用心进行反思，看看经常造成我们在试卷中丢分的原因，是对基础知识掌握不准呢？还是对主干知识体系整理不清？抑或是审题不明，对题干中的关键词把握不到位？还是答题时间分配不合理，造成前松后紧，不能在规定的时间内完成答题任务？特别是文科综合试卷，包含政治、历史、地理三门学科，有的学生对这些学科掌握程度不同，在答题过程中顾此失彼，也有的学生由于写字速度慢，或者字迹潦草等原因造成丢分现象等等。只有将自己平常考试容易丢分的原因找准后，才能在最后阶段的备考复习中有的放矢，对症下药，发现问题并及时地解决问题，从而达到我们所说的"抢分"目的。

二、保证最后阶段备考复习的兴趣和快乐心情

进入5月份以后，为高考做准备的各种事务多了起来，如体检、电子摄像、填写档案、各种评比等。各科教师下发的复习卷子也多了起来，学生天天沉溺于题海之中，不得喘息。更糟糕的是天气一天天炎热起来，让人心烦，人数众多的教室里面就像一只火炉在烧烤着学生业已疲惫的身体和有些麻木的神经。在这种情况下，学生要想搞好备考复习，一定要争取有一个轻松愉快的心情，千方百计使自己保持住对学习的兴趣，减少内心的浮躁，让自己快乐起来。这种话语说起来容易，真正落实起来可就没有想象中那么容易了。因此，当学生心情烦躁时，可以找家人、朋友说出来，特别是学校有了心理咨询室，可以找富有经验的心理老师谈心，倾诉自己内心的烦恼。而他们一旦把烦恼倾诉出来，就会感到轻松多了。烦恼少了，心情好了，学习的兴趣也就更浓烈了，兴

趣和快乐心情是保证学生最后阶段备考复习高效率的重要前提。

三、保证最后阶段备考复习的高效率

在最后阶段的复习过程中，经常会出现这样的现象，课堂上教师感觉无事可做，而找事情消磨时间；课下学生为了求得自己的心理平衡而被动、无效地读书学习。而我们这里讲的高效率是指在复习过程中，课堂上教师引领学生有明确的复习步骤和内容，让大家感到有事要做；课下学生读书复习要争取多看一遍有多看一遍的收获，也就是说，和以前看书相比要有更深刻的感悟，同时看到一些以前没有留心注意的问题，一些新的知识点也要进入脑海记忆。

例如，为了提高课堂教学复习的效率，教师在教学进度上可以加快复习速度，不给学生到最后阶段无事可做、无课可上的错觉，同时把最后阶段的复习计划和复习重点向他们讲明，如教师的试卷评讲重在培养学生审题，抓关键词，读懂题干，掌握解答问题的技巧方法；查缺补漏环节重在引导学生对教材中容易忽视，给予重视程度不够的内容进行复习强调；回归教材环节重在突出章节中的重点知识、主干知识、重要结论、重大史实，特别是对一些重要名词概念的理解认识。教师在教学方法上可以更多地采用互动方法，鼓励学生发现问题，提出问题，看教师能不能当场解决问题。刚开始时，学生可能有些放不开，不能全身心投入互动活动中来，教师可以让他们把问题写在纸条上，这些问题可以是他以前搞不明白存在疑问的，也可以是他在复习过程中发现的新问题，有些问题可能是其他学生甚至教师都没有留心注意的。总之是鼓励大家找到一些新问题，或对大家有些难度的问题，尽量避免提出一些大众化的、学生基本掌握、教师课堂上已经解决，或教材上有明确表述的问题。通过师生互动，一些问题引起了大家的重视，如李悝在魏国、吴起在楚国变法的内容，印度名称在中国古代变化的情况，中国古代与外国交往作出突出贡献的著名僧人所处时代、代表著作，两次世界大战中都保持中立的国家，北约、华约两大政治军事集团成员国的变化，太平天国运动期间太平军北伐出发的地点、最北到达的地点、最终失败的地点等。通过这些知识点的提问复习，引导学生更为细致地阅读教材，特别是对教材上的重要地图、图片、小字补充知识和注脚知识给予充分重视。只有这样才能更好地做好查缺补漏工作，同时也激发学生读书的积极性，提高了课堂教学的效率。

在做好查缺补漏工作的同时，教师还要引导学生对教材的主干知识、重点知识进行最后一次强化，以便让学生充满信心地走进考场，迎接高考。比如，复习到世界现代史第一章《俄国十月社会主义革命的伟大胜利》，就要提示学生重点抓住列宁在十月革命胜利后、在面临国内外武装干涉时、在面临国内经济困难和政治危机时的三个不同阶段各自采取的具体措施。据此再细化到他在这三个不同阶段在农业或工业方面各采取的措施。同时还可以向外进行扩展，把列宁的新经济政策同三十年代美国的罗斯福新政、七八十年代中国的改革开放进行对比分析，看不同社会制度的国家为恢复经济发展方面所采取的措施是如何相互借鉴和学习的，从中可以得到怎样的启示。在横向、纵向理解分析完列宁的经济措施后，本章和后面第四章还有斯大林上台后的经济政策。

同样可以把斯大林统治时期（1924—1953年）的经济政策划分为三个阶段，比如，在社会主义建设过程中斯大林先后实行了以重工业为主导的工业化、农业集体化，开展五年计划，并以此为基础最终形成了高度集中、统一管理的社会主义计划经济体制，使苏联社会主义建设取得了举世瞩目的伟大成就。随着第一、二个五年计划的顺利推行，到1937年，苏联不但实现了工业化，工业产值还跃居到了世界第二位，这不但为二战爆发后苏联红军打败德、日法西斯奠定了雄厚的物质基础，也有利于提高苏联的国际地位。而苏德战争爆发后，斯大林实行了战时粮食和日用工业品的配给制度，同时还放松了国家对市场流通商品价格的控制，但造成战时物价居高不下（见教材第四章第三节战后社会主义国家的相关内容）。二战结束后，为了加快恢复被战火破坏的社会经济，斯大林领导苏联人民开始执行第四个五年计划，同时取消了战时实行的粮食和生活日用品的实物配给制度，规定按国家统一价格免证敞开供应，三次降低物价，并且由政府投资，对在战火中遭到破坏的大型基础工程如水电站、公路、铁路、桥梁等交通设施和城市居民住宅等进行重建和扩建，使人民的生活条件不断得到改善。但是斯大林时期采取的计划经济体制本身存在严重弊端，对以后苏联社会主义经济的发展产生了严重的阻碍，虽然后来历届领导人不断进行经济体制改革，但始终无法摆脱斯大林模式的束缚，最终导致苏联解体。同时苏联的斯大林模式对东欧社会主义国家的经济也产生了重大影响，最终成为东欧剧变，社会制度发生根本性变化的历史根源。苏联的斯大林模式对中国社会主义制度的确立和社会主义建设也产生了重大影响，既有积极作用，也存在消极影响。但和苏联、东欧社会主义国家截然不同，也是值得中国人民为之感到庆幸和骄傲的是，在改革开放总设计师邓小平的领导下，我们最终找到了一条正确的、符合中国国情的社会主义现代化建设道路，成功地摆脱了斯大林模式的束缚，使我国的社会主义现代化建设取得了重大成就，综合国力和国际地位得到极大提高。

从上述例子可以看出，抓住一点知识可以纵横相连，由点到面，由面到体，从而构建成立体的网络知识体系。只要时常用心这样去做，必然会真正提高复习效率，从而多读一遍就多一份感悟，这样的学习效果不正是我们所追求的吗？

俗话说："临阵磨枪，不快也光。"最后阶段的备考复习可不单单是"临阵磨枪"，而是为出行远航检查行囊，并做好充足的知识、身体、心理准备，只要讲求策略，明确目标，追求实效，一定能圆满完成冲刺，胜利撞线，实现自己人生道路上的关键目标。

和学生谈谈制订学习计划的好处和方法

一年一度的高考结束了，随着阅卷工作的完成，全国各地的高考状元也随之出炉。他们迅速成为社会，特别是各大媒体关注的焦点。在对他们进行采访问及学习方法的时候，他们都不约而同地谈及制订学习计划，并且认真、按时完成计划。看来在他们的心目中，学习计划的制订和完成对学习成绩的提高具有很大的好处。那么，制订学习计划到底有什么好处呢？

对学生来说，有学习计划肯定要比无学习计划好得多。但也有的学生认为，学校有教育计划，教师有教学计划，跟着教师走，按照学校的要求办不就行了吗？何必自己再制订学习计划？其实这种想法是错误的。因为学校和教师的计划是针对全体同学制订、安排的，但每个学生自身的学习基础、能力水平和学习方法不一样，因此，应按照教师要求，应针对自己的学习情况制订具体的个人学习计划，特别是放学以后的自学时间安排，其好处是：

第一，学习目标明确，实现目标有保证。

学习计划就是规定在什么时候，采取什么方法、步骤，达到什么学习目标。短时间内达到一个小目标，长时间达到一个大目标。在长期、短期计划指导下，使学习一步步地由小目标走向大目标。

第二，恰当安排各项学习任务，使学习有秩序地进行。

有了计划就可以把自己的学习管理好，到一定时候对照计划检查、总结一下自己的学习，看看有什么优点和缺点，优点发扬，缺点克服，使学习不断进步。

第三，对培养良好的学习习惯大有帮助。

计划可以帮助我们养成良好的学习习惯，比如，做事不拖沓，讲求实效，每天要完成的任务心中有数等。良好习惯养成以后，就能自然而然地按照一定的秩序去学习。有了计划，也有利于培养克服困难、不怕失败的精神，无论碰到什么困难、挫折也要坚持完成计划，达到规定的学习目标。

第四，提高计划观念和计划能力，使自己成为能够有条理地安排学习、生活的人。

这种计划观念和计划能力，学生都应该具备，这对他们一生的成长都有好处。有些学生的学习毫无计划，每天该做好哪些事情毫不知晓，总是做到哪里算哪里，这是很不好的。高尔基说："不知明天该做什么的人是不幸的。"

由于学习计划对学习、成绩的提高大有好处，所以有计划地学习成为所有优秀学生的共同特点。学习好和学习不好的学生差别当中必然有一条就是有没有学习计划。这一点越是高年级越明显。既然学习计划这么重要，那么怎样才能制订出适合自己的学习计划呢？一份好的学习计划大致包括三方面的内容。

一、进行自我分析

学生每天都在学习，可能有的还没有想过"我是怎样学习的"这个问题，因此制订计划前一定要进行自我分析。自我分析首先要认真总结出自己的学习特点。每个人的学习特点是不一样的：有的学生记忆力好，学过知识不易忘记；有的学生理解力强，教师说一遍就能听懂；有的学生做题速度快但粗心易错；有的学生做题慢但仔细认真。学生可以仔细回顾一下自己的学习情况，找出自己学习的特点。比如：在数学学习中，有的学生理解力强、应用题学得好；有的善于进行心算、口算，计算得比较快；有的记忆力好，公式、定义记得比较牢；有的想象力丰富，善于在图形变换中找出规律，所以几何部分学得好。其次还要认真分析自己的学习现状，找准自己的位置。可以和全班同学相比，确定自己的各科成绩和总成绩在班级中的位置；同时还要和自己过去阶段的成绩对比，看现阶段成绩的发展趋势如何，可以用进步大、有进步、照常、有退步、退步大来做出自我评价。

二、确定学习目标

学习目标是学生学习的努力方向，正确的学习目标能催人奋进，从而产生为实现这一目标而奋斗的动力。没有学习目标，就会像一只迷途的羔羊，没有了前进的方向，这其实是对学习时光的极大浪费。学习目标要根据自己的学习特点和现状来确定，具有"适当、明确、具体"的特点。"适当"就是指目标不能定得过高或过低。过高的目标，最终无法实现，容易使人丧失信心，使计划成为一纸空文；过低的目标，无须付出太大的努力就能达到，也不利于学习的进步。因此要根据自己的实际情况提出经过努力能够达到的目标。"明确"就是指学习目标要便于检查和对照。如"今后要努力学习，争取更大进步"这一目标就不明确，你想怎样努力呢？哪些方面要有进步？如果把它改为"数学课、语文课都要课前认真预习，数学成绩要在班级达到中上水平"，这样就比较明确了，以后能否达到目标就可以检查对照了。"具体"就是制订的目标要便于操作和实现。如数学成绩怎样才能达到班级中上水平这一目标呢？可以把它具体化为：每天做10道计算题、5道应用题，每个数学公式都要准确无误地背出来、写出来等。

三、科学安排时间

确定学习目标后，学生就要科学地安排、利用时间来实现这些目标。安排时间要符合"全面、合理、高效"的要求。"全面"就是指在安排时间时，既要考虑学习，也要考虑休息和娱乐；既要考虑课内学习，又要考虑课外学习；还要考虑主科和副科、强科和弱科的时间搭配。"合理"就是要找出每天学习的最佳时间，如有的学生早晨头脑清醒，最适合于记忆和思考；有的学生则喜欢晚上学习，做题快，效果好。我们要在自己最佳的时间里完成较重要的学习任务。"高效"就是指要根据事情的轻重缓急来安排时间。一般来说，把重要的或困难的学习任务放在前面来完成，因为这时候精力充沛，思维活跃；而把比较容易做的事情放到后面去做。此外，较小的任务可以见缝插针放在零星时间去完成，以便有更充分的时间完成大任务。早晨或晚上，或一天学习的开头和结尾的时间，可以安排侧重记忆的科目，如外语。心情比较愉快，注意力比较集中，时间较完整时，可以安排比较枯燥，或自己不太喜欢的科目；零星的、注意力不易集中的时间，可以安排做习题和自己最感兴趣的学科。这样可以提高时间利用率。一天中可供学生自己安排的时间大致有：早上起床到上学、上午放学到下午上学、晚饭后到睡觉。他们主要在这几个时间段里安排自己的学习内容。在进行时间安排时，还要注意突出重点，也就是说，要根据自我分析中提出的学习目标，或比较薄弱的学科在时间上给予重点保证。

同时还要有机动时间，不要把时间计划安排得太满、太紧，贪心的计划是难以实现的。更为重要的是，制订了计划，一定要坚决贯彻执行，不按计划办事，计划再好也是没用的。为了使计划不落空，要对计划的执行情况定期检查。可以制订一个计划检查表，把什么时间完成什么任务，达到什么进度，列成表格，对照检查。检查内容包括：计划提出的学习任务是否完成？学习效果如何？没有完成计划的原因是什么？什么阶段时间安排太紧或太松？然后根据检查结果及时调整、修改计划中不科学、不合理的地方，从而使计划越订越好，使自己制订、执行计划的能力越来越强。学生在制订学习计划时，还要处理好长计划和短安排的关系。例如，一个学期、一个学年应该有个长计划。但是实际的学习生活变化很多，又往往无法预测，故长计划不可太具体。但这个月或下个学期要解决哪几个问题，应该心中有数。而每个星期要具体干些什么，每天应当具体干些什么则必须明确。这样就把一个较大的任务、较远的目标，分配到每周、每天去完成，从而使长计划中的任务能够逐步完成，目标得以实现。

引导学生巧用地图培养发散思维能力

在日常的历史教学过程中，我经常发现学生对教材上的地图重视程度不够，或者认识到了看图的重要性，但是应该如何阅读和运用地图的方法把握不好，不能很好地掌握地图中所包含的知识，更谈不上挖掘出其中所隐含的知识。其实地图在历史教学中有着非常重要的作用，运用地图得当不但能够帮助学生掌握基本的历史知识，而且有助于培养学生的发散思维能力。古人早就说过"左图右史""即图而求易，即书而求难"等话语。下面结合具体的教学实践，以教材中的《中英鸦片战争形势图》为例，就高一学生应该如何阅读和运用地图，以及运用到什么程度，谈谈我自己的看法。

看到这幅图，学生首先应该注意到左下角的图例。图例是阅读和运用地图的钥匙，学生一定要养成读图先看图例的好习惯。从图例可以看出，这场战争的英军入侵路线及其年代，根据年代可以把战争划分为两个阶段。1840年6月英军封锁珠江口挑起战争后沿海北犯，最终到达天津白河口为第一阶段；1841年初英军扩大战争，1842年8月到达南京下关江面，清政府屈服求和，战争结束为第二阶段。英军的侵略遭到了沿海地区中国军民的顽强抵抗，但最终中国战败，通过不平等条约被迫开放通商口岸，并把香港岛割让给英国。这些基础知识通过图例都有了明确的体现，阅读地图的任务至此似乎完成了。

在教师的引导下，结合所学的知识，对地图进一步阅读分析时，就会发现在地图背后的历史知识"别有一番洞天"。如，英军发动这场侵华战争的突破口为什么要选择广东沿海珠江口岸？为什么英军在战争第一阶段能够一路北上，在不到半年的时间内就到达天津白河口？进逼天津威胁京师这体现了侵略者怎样的战略企图？如果是为了占领首都迫使清政府投降的话，为什么英军在临近京师的情况下，没有像后来的第二次鸦片战争那样占领京师，而是从天津白河口退回广东？到了第二阶段为什么英军在南京地区就结束了战争？在侵略过程中英军在沿海地区遭到了中国军民的英勇抵抗，并且清军中涌现出一批为国捐躯的爱国将领，但是战争的最终结局却是中国战败，那么中国战败的原因何在？中国战败留给后人哪些历史启示？战争结束后，通过不平等条约在东南沿海被迫开放的五个通商口岸对中国以后的经济、政治以及思想文化等方面产生了哪些深远影响？特别是英国割占香港岛的意图何在，暴露了侵略者怎样的狼子野心？这些问题的提出和思考，可以看作是阅读和运用这幅地图的第二个层次。通过对以上问题的思考分析，学生不但对战争的进程、结局有了更加全面的了解，而且深入分析了这场战争中国战败的原因及其对中国社会造成的深远影响等内容，这些内容正是教学中的重点和难点。如果学生自己通过地图慢慢地把问题思考分析出来，比机械地记忆教材中枯燥的文字要强得多，这不正是现代教育所倡导的发挥学生主体作用的一个体现吗？

　　这幅地图分析到此，其实还可以继续挖掘其中的内涵。看到鸦片战争，学生很容易联想到第二次鸦片战争，如果把两次鸦片战争形势示意图放在一起分析，就会有更深层次的认识和理解。比如，通过第一次鸦片战争，中国开放的通商口岸仅限于东南沿海五个城市，这根本满足不了侵略者的欲望和野心。而且英军占领香港岛，拥有了侵华军事基地，并且有了与中国政府打交道的经验，看到了清政府的腐败无能，软弱可欺，这就为英国伙同法国联合发动新的侵华战争提供了条件。经过第二次鸦片战争，中国丧失了更多的领土，开放了更多的通商口岸，而且口岸的范围遍布整个沿海地区并深入到内地，这就使中国丧失了更多的主权，中国的半殖民地程度进一步加深，因此，"第二次鸦片战争是鸦片战争的继续和扩大"的结论也就自然得出。这就为学生对比分析两次鸦片战争，得出二者之间的关系提供了思考的依据。其实，这正是培养学生学会知识迁移，提高归纳、比较、分析能力的一个体现。

　　细心的学生通过对比这两幅地图还可以发现，作为中华民族文明发源地的黄河，它的入海口变化巨大。在第一次鸦片战争期间黄河是夺淮入海，注入黄海；而第二次鸦片战争期间则是河道北移，从山东半岛注入渤海。那么为什么在短短的十几年内黄河河道会发生这么大的变化？这期间到底发生了哪些历史事件？应该怎样保护这条母亲河，让它少受屈辱和破坏，造福子孙？这些问题的提出和解决，光靠教材和教师是不够的，这不仅需要学生课后去查阅资料，请教专家和学者，更需要去思考、探究、参与。这就把学生的学习探究活动从课堂延伸到了课外，或许他们学习探究的成果正是步入知识殿堂的起点。

如何培养高中生良好的做题习惯

.

进入高中阶段，学生做题训练的机会和数量越来越多。特别是高三学生，为了高考备考复习，更需要做大量的习题和参加更多的考试来巩固知识、检验成效、查找问题。但在做题和考试过程中，不好的习惯会直接影响到学习效率和成绩。比如，有的学生只是就题解题，过于关注做题数量，没有归纳题目类型和判断试题难度；有的学生平时做选择题只是画出选项，没有写出分析和判断思路；平时对问答题要么不答，要么把自己知道的知识或材料中的话语写在上面，没有关注题目要求和答题角度。那么，教师应该如何指导学生培养良好的做题习惯，提高他们的学习效率呢？结合多年的指导复习和做题经验，我认为培养良好的做题习惯应做到以下几点：

第一，从对待做题的态度看，要把平时训练当作考试对待；模拟考试当作高考对待；高考当作模拟考试对待。

这就要求学生对待平时训练要有一个认真、负责的态度，真正认识到平时的作业和练习不是为了应付教师的检查、完成教师布置的任务，而是为了巩固所学知识、检验学习成效、发现学习中存在的问题。为此，要尽快完成从被动完成作业到主动要求练习的转变，根据自己学习的实际情况，掌握平时训练的主动权。对待模拟考试要像对待高考那样，从考前复习计划、作息时间调整，到考中做题时间安排、答题顺序、对待简单题目和难题的心理变化，再到考后预估分数、总结反思、试题纠错等环节，都当成是一次难得的高考演习，力争从多次模拟考试中探究出适合自己的良好做题和应试习惯。而把高考当作模拟考试对待，就是要让学生放松心情，调整心态，减少对高考的恐惧和焦虑情绪，树立高考必胜的信心。因为高考作为选拔性考试，是为了选拔出适合接受高等教育的优秀人才，不但要考查学生的学习成绩和学科素养，更要考验学生的心理素质。考生只有拥有过硬的心理素质，才能在高考中取得理想的成绩。

第二，从做题指导思想看，要尽量做到会做的试题不轻易丢分，不会做的试题要尽量抢分。

在各类考试中，学生总会遇到一些会做和不会做的试题。这就要求学生拿到试卷后不要急于做题，而应该把整套试卷浏览一遍，看看共有多少页，多少道试题；简单判断试题的难度大不大，然后再去答题。在答题过程中，遇到难度小、自己会做的试题，一定要认真审题，按步骤答题。同时，留心观察这些看似简单的题目中有没有命题者故意设计的"陷阱"。对那些难度较大，感觉超出自己能力范围的试题，不要轻易放弃，要静下心来看看其中有没有能解答的问题。即使没有，也不用沮丧，因为从中发现了学习的薄弱环节，应该为此感到高兴和庆幸。但考后要虚心向老师和同学请教，把那些不会做的试题不但要弄懂，而且要记录在错题本上，作为下次考试前复习的重点。

第三，从做题使用的工具看，要两支笔在手，各有用途，交替使用。

这里所说的两支笔，是指一支黑笔和一支红笔。黑笔是用来在草稿纸上书写演算过程和在答题卷上解答主观题的；红笔则是用来在试卷上对那些暂时不会做、做了但没有把握的试题做重点标示符号的。凡是用红笔标示过的试题，都应是交卷前进行试卷检查的重中之重。那些没有红笔标示的题目，建议大家就不再检查了，除非有特殊的需要或没有绝对把握的。这样不但能提高试卷检查的效率，也会减少因不必要的修改而丢分。

特别是在考后的试卷讲解过程中，更应重视红笔的作用。学生要用红笔把自己做错的题号标示清楚，同时写出教师讲解本题时的正确思路。学生还要把教师的解题思路与自己的思路进行对比，找出自己解题错误的原因，并及时把这道题记在错题本上。对那些做对的题目，如果教师提供了更简单、易懂的做题方法，也应该用红笔标示出来。

第四，从做题的技巧方法看，要掌握技巧，讲求方法，提高效率。

由于学科特点和试题数量上的差异，各学科都有自己的做题技巧和方法。

下面以历史学科的单项选择题为例，说明如何掌握正确的做题技巧和方法，希望对其他学科做题能起到借鉴作用。因为从学习角度看，不同学科间都有相通之处。

选择题在高考中占有相当的分数比例，它的得分率直接影响到高考成绩的高低。人们爱用"得选择题者得天下"来形容它的重要性。那么，对历史学科而言，如何掌握单项选择题的解题技巧，从而提高考试成绩呢？

首先，在平时的单选题训练中，一定要养成在题干上画出标示符号，找准关键词的习惯。历史试题中，最重要的关键词肯定是题干中的时间及其所体现的时代特征。这是由历史学科的特色所决定的。

例1：（2013年全国文综第Ⅱ卷第30题）抗日战争期间，湖北省政府曾发布《湖北省减租实施办法》，在农村推行以"减租"为内容的土地改革并取得一定成效，但未得到国民党中央的肯定。这表明当时国民党中央（   ）。

A. 放弃了对农村原有土地制度的保护

B. 阻止地方政府进行土地政策的调整

C. 无力控制地方政府的行为

D. 无意改变农村的生产关系

要做对这道题，学生就要在题干中的关键词"抗日战争期间"上画出重点标示，并明确这一时期的时代特点是为了抗击日本侵略者，国共两党实现了第二次合作，建立了抗日民族统一战线。同时，题干中还有一个关键词是"表明"。一般来说，"表明"一词后面紧跟的是题干材料所体现出的现象；如果改用"说明"一词，后面紧跟的就是材料所反映出的本质了。本题如果改成这段材料"反映了当时国民党中央……"的话，答题思路就该从国民党的阶级利益、本质属性的角度去分析了。

其次，在平时的单选题训练中，不能仅仅满足于是否选对了答案，还要深入分析，做到不但"知其然"，还要"知其所以然"，真正弄明白正确的选项对在哪里，错误的选项错在哪里，还有如何把错误的选项改为正确的答案。

例2：（2021年全国乙卷文综第26题）宋代，官府强调"民生性命在农，国家根本在农，天下事莫重于农"，"毋舍本逐末"。苏辙说："凡今农工商贾之家，未有不舍其旧而为士者也。"郑至道说，士农工商"皆百姓之本业，自生民以来未有能易之者也"。从中可以看出宋代（　　）。

  A. 商品经济发展受到阻碍　　　　B. 重农抑商政策瓦解

  C. 社会群体间流动性增强　　　　D. 四民社会地位相同

  本题考查的知识点是古代中国的经济结构与特点、宋代的经济发展。考查获取和解读信息、调动和运用知识的能力，考查时空观念、历史解释学科素养。

  根据题干提供的三句并列的材料可知，第一个材料说的是北宋政府要求民众重农，不要舍本逐末，这恰恰反证了当时商品经济的发展，社会上"舍本逐末"的现象日益增多，即民众中有许多人流入工商业阶层；第二个材料，结合所学知识可知，北宋初期统治者重文轻武，采取了一系列加强中央集权制度的措施，特别是科举制的扩招，因此苏辙说民众有许多人流入士阶层；正因为"为士者""舍本逐末"现象增多，郑至道才忧心忡忡地说"自生民以来未有能易之者也"，故答案为C项。宋代商品经济高度繁荣，工商税收成为国家重要财政税收来源，故A项不符合史实和题意。要想选择A项，需要把"商品经济发展受到阻碍"修改为"商品经济得到了快速发展"。重农抑商政策瓦解是近代的事，宋代仅仅是放宽了对工商业的控制，并没有废除重农抑商政策，故B项错误。要想选择B项，需要把"重农抑商政策瓦解"修改为"重农抑商政策有所松弛"。在等级森严的封建社会，不存在四民社会地位平等之说，所以，D项表述不但错误，而且无论如何修改都无法成为正确答案。

  通过以上分析可以看出，良好的做题习惯的确能够提高学生的学习效率和考试成绩。所以，在日常的学习和考试过程中，学生要有意识地培养良好的做题习惯，助力备考复习。

如何引领学生做好考后试卷诊断分析

中学阶段的考试功能主要有两种：检验和选拔。除了中、高考外，其余的考试为的都是检验学生对知识的掌握情况，从中发现问题，帮助学生查缺补漏、调整学习方法。所以，考后试卷诊断分析其实是考试的一部分，或者说，与分数的获得相比，考后试卷诊断分析才是真正收获知识的手段，应该成为学生的必修课。

但是，有些学生只盯着考试分数，对试卷分析不重视，或根本不会分析，致使考试的检验功能发挥不了作用。这是很坏的习惯，因为不会积累经验、吸取教训的人是不可能进步的。事实证明，成绩优异的学生都十分重视考后试卷分析，并且有一套恰当的分析策略和方法。那么，如何引领学生做好考后试卷诊断分析呢？

所谓考后试卷诊断分析，是指考试后订正试卷中出现的错误，分析考试的收获以及暴露出的问题，然后逐一进行归类，并制定出自我提高的措施与方法。所以学生的考后试卷诊断分析要做好以下几个方面的工作：

第一，认真分析试卷，做到从逐题分析到整体分析、从数字分析到性质分析、从口头分析到书面分析。

考试结束后，首先要从每一道错题入手，分析错误的知识原因、能力原因、解题习惯原因等。分析思路是：这道题考查的知识点是什么？知识点的内容是什么？这道题是怎样运用这一知识点解决问题的？这道题的解题过程是什么？这道题还有其他的解法吗？

在此基础上，学生就可以进行整体分析，得出一个总体结论了。通常情况下，学生考试丢分的原因大体有三种，即知识不清、问题情景不清和表述不清。所谓"知识不清"，就是在考前没有把知识学清楚，丢分发生在考试之前，与考试发挥没有关系；所谓"问题情景不清"，就是审题不清，没有把问题看明白，或是不能把问题看明白，这是一个审题能力、审题习惯问题；所谓"表述不清"，指的是虽然具备知识、审题清楚，问题能够解决，但表述凌乱、词不达意。上述问题逐步由低级发展到高级。研究这三者造成的丢分比例，用数字说话，就能够得出整体结论，找到今后努力的方向了。

从数字分析到性质分析的要点有三：一是统计各科由于不同原因而造成的丢分数值。如因计算失误、审题不清、考虑不周、公式记错、概念不清等造成的丢分数值。二是找出最不该丢的5～10分。这些分数是最有希望获得的，找出来很有必要。在后续学习中，努力找回这些分数可望可及。如果真正做到这些，那么不同学科累计在一起，总分提高幅度也就很可观了。三是任何一处失分，有可能是偶然性失分，也有可能是必然性失分。要学会透过现象看本质，找到失分的真正原因。

在学习过程中，反思是十分必要的。所谓反思，就是自己和自己对话。这样的对话可能是潜意识的，也可能是口头表达，但最好是书面表达。从潜意识的存在到口头表达是一次进步，从口头表达到书面表达又是一次进步。书面表达是考后试卷分析的最高级形式。因此，建议大家在考试后写出书面的试卷诊断分析。这个分析是反观自己的一面镜子，是以后进步的重要阶梯。

第二，牢记"九字诀"，做到马上写、及时析、经常翻。

"马上写"就是学生在考试后马上把做错的题重新抄一遍，然后请教老师或同学，详细写出正确的过程和答案，主观性试题还应根据老师讲解的解题思路补充齐全。

"及时析"就是要及时写出对试卷的分析，包括哪些题目做得比较好，哪些题目存在失误，并在纠正错题的基础上对错题进行归类，找准原因，对症下药。如对教材中的观点、原理理解有误，或理解不广、不深、不透；对某些题型的解题思路、技巧未能掌握，或不能灵活地加以运用；答题时的非智力因素方面，如遇到复杂些的论述题，便产生恐惧心理等，从而造成失误。

如果是第一种原因，学生应针对题目所涉及的有关知识要点及原理内容认真地加以复习巩固，真正弄懂弄通；如果是第二种原因，学生应要求自己务必掌握某一题型的答题要领。无论是哪一类题型，都有自己特定的答题思路和方法，只有细心体会，才会有所感悟和提高；如果是第三种原因，学生应在平时训练中有意识地培养和锻炼自己良好的应试心理素质，努力克服不良心态，在答题时做到从容不迫、沉着冷静。

"经常翻"就是考后试卷诊断分析写完后，要和试卷粘贴在一起，注意保存。积累多了，可以装订成册。但千万不要束之高阁，要经常翻阅复习，以达到巩固知识，加强理解，培养能力，掌握规律的目的。

第三，重视查缺补漏、学习方法和习惯的调整，做到"亡羊补牢不二过"。

通过考后试卷诊断分析，学生要重视对知识的查缺补漏，通过正确答案和错误答案的对比，找到掌握不牢的知识点。而巩固这些知识点，除了复习好课本上的基础知识外，还要做好对知识的精细加工，做到举一反三。

考试不仅考查学生对知识的掌握情况，也在检验学生学习方法的优劣和应试能力的强弱。学生在考试中往往会暴露出粗心大意、做题方法不对、不会审题、检查不细等方面的不足，而弥补这些不足对后面的学习至关重要。学生要端正考试的态度，不能只关注分数，更重要的是找到适合自己的高效学习方法，养成良好的思维习惯，逐步提升自己的应试能力。

要把考试当成检验自己各方面能力的一次机遇。比如，学生平时学习不够踏实认真，容易浮躁，考试时看到自己会做的题目就沾沾自喜，容易掉以轻心，最终失分。这个问题反映出学生学习习惯与态度不好。要想有针对性地解决，需要在平时注意培养良好的学习习惯。

一个优秀的学生要具备以下良好的学习习惯：预习与复习；勤于思考与全神贯注；积极融入课堂学习，并做好笔记；多动脑，勤动手；大胆发言，敢于质疑，敢于表达自己的见解；独立完成作业并经常反思。而养成这些好习惯，需要学生逐渐培养自己对各个学科的兴趣，心里清楚什么是学习的好习惯，并坚持不懈地强化训练，让自己由被动到主动再到自动。

一般来说，只要平时学习努力，做到考前认真复习，都会取得理想的成绩。但也有例外：有的学生分数不低，但很有可能是靠投机取巧或吃老本得到的分数；有的学生学习明显比前期努力了，但还是没有考好，这时也不要灰心，而要继续努力，慢慢储备知识，做到厚积薄发。因此，如果考了高分，不要只是一味高兴，而应和自己的努力情况对比，找老师点评试卷，弄清楚自己付出了多少努力。这样，就可以让自己持之以恒地努力学习下去。

学习如同长跑，贵在持之以恒。长跑是耐力的比拼，开始跑在前头的，未必能笑到最后；而一开始落在后边的，最终也不一定是失败者。

第四，学会正确地对比分析，增强自己的学习信心和勇气。

最简单的对比就是学会纵向比较，拿自己本次考试的成绩与上次考试成绩对照，看是否有进步。不仅从总成绩上比，更要比到细处，具体到每科，细化到每科的知识点。如语文考试，上一次"基础知识与运用"失分较多，这次通过努力失分减少了，这就是一种进步。

另一种对比就是横向比较，拿自己的成绩跟班、年级各档次分数线比。例如，语文满分150分，历史满分100分，而自己语文考110分，历史考78分，哪一科考得好？不好判断，因为没有参照物。这时可以把各档次分数线作为参照，通过对比，帮助自己找到相对处于弱势的学科，及时补救，预防偏科。

通过对比，既要找到自己的不足，也要发现自己的亮点，及时给自己打气，这样才会有信心和勇气继续进步。因此，进行考后试卷诊断分析时，一定要把亮点找出来，把进步找出来，把劲头找出来，把考试当成学习的助推器，让自己更加优秀。

利用作业拓展学生学习历史知识的空间

以往我给高一学生布置历史作业，总觉得自己处于较尴尬的境地。不布置吧，学校对教师的业务考核中有关于作业布置和批改的具体要求；布置吧，由于历史学科在学生心中的位置，加上其他学科作业的挤占，学生对历史作业的态度和完成质量可想而知。为了改变这种状况，在近几年的教学实践中，我和备课组的同事在作业布置和批改方面进行了探索与尝试。

一、改变平时作业的布置模式，尽量减轻学生负担

以前我布置作业，一般都是让学生做配套教辅上的练习题。由于大多数资料附有答案，虽然有时教师提前把答案剪掉，但学生还是可以在网上找到，所以抄袭答案的现象屡见不鲜。这样的作业，当然起不到巩固知识、检测水平的作用。

现在，教师取消了给学生订购的教辅资料，而是根据教学需要和学生实际，自己编写学案，内容包括相关规定解读、重点知识分析、难点突破思路、典型例题解析、易错题举例说明、知识拓展延伸。同时，还给学生的学习留有需要思考的问题，如在本课自学过程中，你对哪些知识点存有疑惑？你对教师课堂教学涉及的问题有什么不清楚之处？你发现了什么新问题值得和大家交流等。

在学案的使用上，我们不是随堂发放，而是编印成册，在开学初下发，让学生根据自己课余时间的多少、学习能力的高低、历史兴趣的深浅，自行安排预复习进度。

至于对学生完成学案预习质量的检测，由于我们采取的是开放式的课堂教学模式，所以学生在课堂上能否回答出教师提出的问题，对问题有没有自己的见解，能否提出自己的问题，提出的问题是否有思考价值，这些都能反映出学生课前预习效果的好坏。学生在课堂上的表现要被记录在《学生学习行为过程评价表》中，作为学科成绩的一部分。对于他们完成学案复习效果的测评，则通过各次考试成绩来决定。

除此之外，平时我们不再布置作业，这就减轻了学生的课业负担。而且学案的编写和预复习任务的完成，不但提高了课堂效率，也提高了学生的考试成绩。

二、创新节假日作业布置的模式，拓宽学生知识面

在平时减轻学生作业负担的基础上，我们注重利用寒暑假、五一、十一、元旦等节假日来创新作业布置的模式。我们根据节假日时间的长短，给学生布置了诸如"一张老照片背后的历史""我的姓氏由来""我身边的历史"，关于某个历史事件、人物、传统节日的"历史知识手抄报"，推荐"我最近读的一本历史书""我最近看的一部历史题材影视剧"等作业。并对学生提出要求：如果确实没有时间完成作业，老师不会追究你的责任；但如果想完成作业，不管写的字数多少，质量好坏，一定不要从网上下载或抄袭，让他们用心对待作业。

从这些作业的名称可以看出，我们节假日布置的作业内容没有局限在教材上，而是想通过这样的作业布置，让学生走出教材，走出课堂，根据自己的喜好去探寻历史遗迹，去研究自己感兴趣的人或事，从而深刻体会到其实历史就在我们的身边，只是我们缺少发现历史的眼睛！

从具体实施效果看，这样的作业受到学生的热烈欢迎。他们不但能按时、按质、按量地完成作业，有的作业质量还超出了教师的预期。如张同学利用假期搜集到的作业素材，制作出了关于家乡变化的幻灯片。在教师的指导下，他对素材进行丰富、完善，并撰写成相关文稿，当作研究性学习课题进行申报，最终在昌吉州研究性学习课题评比中获得了一等奖；迟同学利用自己的电脑特

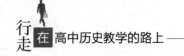

长，把搜集到的有关新疆风土人情和名胜古迹的作业素材制作成《古道·西风》电子杂志，上报自治区参加中学生科技创新大赛，获得了二等奖。

三、转变作业批改方式，让更多同学分享成果

在我们学校，一位历史教师要带高一4个班的课，学生数量在280人左右。如果平时的学案预复习检查和节假日作业批改都由教师完成，势必增加教师的工作量。因此，我们在作业检查和批改方式上进行了改革。

各班小组长负责对本组同学平时学案预复习的检查情况进行量化打分，计入《学生学习行为过程评价表》。每个小组在期中和期末考试前，评选出完成预复习作业最好的学案，在全班展示交流。

节假日作业的批改，我们采取了先在组内交流，每个学生要给组内其他同学的作业写出评语，划定等级。然后把全班作业收齐，由任课教师拿到相邻班级进行互换，要求每个学生在三天内至少批改他班同学10份作业，并以小组为单位，推选出2至3篇作业参加年级优秀作业评选。最后由备课组教师共同确定优秀作业名单。

通过这种作业批改和交流方式，不但增强了学生的责任感和集体荣誉感，而且让他们在最短时间内接触到了更多的知识面和信息量。这比教师一人批改、评选作业的效果要好得多。

四、设法采取多种措施，为优秀作业提供展示平台

如上所述，既然作业检查、批改的任务大多由学生完成，那么教师在作业评价方面该扮演什么角色呢？我们的做法是，教师要千方百计地采取措施，为优秀作业的展示提供平台。

每次节假日作业评选结束后，我们都要举办"历史知识手抄报"或"历史小论文"等优秀作业展。展板就放在教学楼走廊，供全校师生参观。遇有上级组织的"中学生历史小论文"比赛，我们就挑选出部分优秀作业参赛。通过这种方式，我校已有上百人次在各级论文评比中获奖。

同时，我们还把挑选出的作业，在教师的指导下，让学生深入研究，扩充

内容，制作成课件，然后推荐到校园"百家讲坛"，让他们在规定的40分钟时间内，脱稿讲清楚所选的讲座主题。到目前为止，我校"百家讲坛"已举办94期，其中通过这种形式被选中登台演讲的学生就有53人次。

现在，我们已把这几年在作业布置和批改方面的具体做法作为课题进行研究，目标就是在新课改背景下，探究通过作业等形式把中学历史教学向课外延伸的有效途径，以此来拓展学生学习历史知识的空间，从而更好地挖掘和认识作业的功能。

第三章

教学反思

学生好学善问，教师循循善诱

我在指导学生学习人教版高中历史选修二《近代社会的民主思想与实践》中《美国〈独立宣言〉》一课时，讲到美国《独立宣言》的历史意义，特别强调由于它的提出比法国《人权宣言》早13年，所以马克思称之为世界上"第一个人权宣言"时，突然有一位学生打断了我的话："老师，我认为教材上写的和你讲的都不对，难道仅仅因为《独立宣言》比法国《人权宣言》的提出早13年，马克思就说它是世界上'第一个人权宣言'吗？而且《独立宣言》的核心思想是摆脱英国的殖民统治，宣告美国的独立，但马克思强调的是'人权'宣言啊！"

面对学生的突然发问，我感到有些猝不及防。由于事先我对这个问题也没有认真思考过，一时不知如何回答。等我冷静下来，就顺势把问题抛给了学生："是啊，这个同学的质疑多么有价值啊！马克思作为伟大的思想家，难道只是从时间上二者相差13年，就判定美国《独立宣言》是世界上"第一个人权宣言"吗？难道他不知道《独立宣言》的核心思想是要摆脱英国的殖民统治，宣布美国的独立吗？同学们，你们怎么看待这个问题？"

一个学生站起来说："其实，《独立宣言》除了宣告美国独立外，更重要的意义在于，它是人类历史上第一次以政治纲领的形式宣布了民主共和国的原则，宣布了天赋人权、自由平等、主权在民等思想。"话音未落，又有一位学生反驳道："我认为你的分析有道理，但不完全正确。大家知道，美国《独立宣言》体现出的这些民主思想，很大程度上受到法国启蒙思想家的影响，包括伏尔泰的'天赋人权'和卢梭的'社会契约'等学说理论，那么，马克思为什么没有把这些思想家的学说称之为'人权宣言'呢？而且这些学说提出的时间比美国《独立宣言》更早啊！"

看到学生对这个问题的讨论产生了如此浓厚的兴趣，我感到无比欣慰。现在新课改背景下的历史教学，不就是要培养学生独立思考和解决问题的能力吗？特别是这两位学生的争论，说明大家对这个问题的分析力度在加深。而且在学生分析、争论的过程中，我对这个问题也有了自己的认识。但我现在不能参与进来，揭开谜底。因此，我还是把问题抛给学生，并加以引导暗示："是啊，这位同学的反驳抓住了问题的关键。既然我们单纯从时间上、从《独立宣言》体现的原则内容上，无法充分论证它被称为第一个'人权宣言'的理由，那么，我们还有没有其他途径来论证呢？比如，《独立宣言》的颁布形式……"

马上就有学生反应过来："老师，我明白了。《独立宣言》是由北美13个殖民地的代表组成的大陆会议，通过指定五人委员会起草，然后经大陆会议修改通过，又分送13州的议会签署并批准的。因此，它从法律和制度的角度完成了把法国启蒙思想家的学说理论变成政治纲领的过程。但这些启蒙思想家的学说并没有得到当时波旁王朝政府的认同，也就没有完成把他们的思想学说法律化、制度化的过程。只有到了法国大革命爆发后，制宪会议于1789年颁布了《人权宣言》，才完成这些思想学说的法律化和制度化，变成了指导大革命的法律性文件，但已比美国的《独立宣言》晚了13年。正是从这个意义上，才有了教材上有关马克思对《独立宣言》评价的结论。"

这节课的课堂讨论给我留下了深刻的印象，以致过了很长时间我还在反思回味。在现在提倡学生自主学习、合作探究的新课改背景下，课堂教学不再是简单的知识传输与接受的过程，而是师生、生生间交流的双向互动过程。随着学生课堂自主学习能力的增强，他们独立思考的机会也大大增多。这就需要教师学会倾听，并善于捕捉、引导学生思维的火花，让这转瞬即逝的火花燃烧成求知的火种。这或许会打乱我们预设的课堂节奏，反被学生牵着走，但当教师融入学生和课堂，将课堂还给学生，让他们展示自己的认知过程与学习成果时，许多我们不曾预料到的精彩也就不期而至。这不正是我们的课堂教学应该追求的最高境界吗？

还原学生的认知曲线

以往在高一讲授《新文化运动》时，对于新文化运动前期内容及其之间的关系，我总是作为重难点来突破，自我感觉讲得条理清晰，分析得明白透彻，但一提问才发觉学生并没有真正理解掌握。比如，和以往的思想运动相比，新文化运动新在哪里？学生大多认为是白话文代替文言文；再问这场运动的局限是什么？他们更是不知从何说起。看来我的课堂教学设计没有达到预期目的。

现在再上这节课时，我改变了教学思路。在讲解完这场运动的内容后，我没有急于对学生提出问题，而是给他们讲了一个小故事："有一天，胡适在北大讲课时对白话文的优点大加赞扬。但有的学生以白话文语言不精练，发电报用字多，花钱多为由，反对提倡白话文。胡适就以前几天朋友发电报邀他去做行政院秘书，而他不愿从政，决定不去这件事让学生用文言文复电拒绝。学生拟的电文中用字最少的是12个字——'才疏学浅，恐难胜任，不敢从命'。"故事讲到这儿，我停了下来。我动员学生用白话文拟电文，看能不能更省字，学生的积极性被调动起来。他们拟的电文中最长的是10个字"谢谢好意，不愿从政，不去"，最短的仅两个字"不去""不干"。然后我给学生展示了胡适的电文："干不了，谢谢！"当时胡适解释说，"干不了"已包含了才疏学浅，恐难胜任之意；"谢谢"既感谢了友人费心介绍，又暗含拒绝之意。

当学生对胡适的电文大加赞赏时，我马上提出问题："如果你是胡适的朋友，你喜欢看到哪个电报？"根据我的课前设计，他们应该和我一样喜欢文言文的电报，因为同样是拒绝，文言文读来语气委婉、谦虚、态度真诚；而白话文则显得语气生硬，让人心里不舒服。刚才学生拟电文时肯定不经意地对比过了，所以不出我的意料，叫了几个学生回答的都很到位。正当我准备把问题往下引时，发现一位学生手举得很高，急于发言，我就叫起了他。他说："我喜欢白话文电报，因为同样是拒绝，我当然喜欢简单明了。"他刚说完，就有学生表示赞同："我也喜欢白话文电报，因为既然是好朋友，就不必介意什么，而且当时胡适正大力提倡白话文，作为好朋友就应该理解、支持他。"经他俩这么一说，我发现班里认同这种观点的同学多了起来，而且从他们争论的趋势看，大有指责喜欢文言文电报的同学做人不够大度，对朋友不够义气之嫌。

出现这种局面是我没有料到的，这让我有些不知所措，我开始细心观察学生，然后我发现喜欢文言文电报的大都性格内向、办事较真、思维严谨；而喜欢白话文电报的则性格开朗，不拘小节，有的比较讲义气。这下我心里有数了，就出来解围说："那你们猜猜老师会喜欢哪个电报？"第一个说喜欢白话文电报的学生不假思索地说："老师肯定喜欢文言文的电报，因为老师是大人嘛！"我接着问："如果是你的父母，他们会喜欢哪个电报？"他说："那还用说，当然是文言文了。"其他学生边笑边齐声说："因为他们也是大人嘛！"我又问："如果你生活在那个时代，你会喜欢哪个电报？"他低下头想了想，回答说："应该是文言文。"然后我让学生讨论，为什么会出现这种不同的结果？通过讨论，学生们意识到对待同一问题每个人的观点之所以不同，与人们所处时代、价值观念不同有关，就是同一时代的人由于性格不同可能观点也不相同。这样一来，学生思考问题看问题的角度比较全面成熟了。

绕了这么一大圈后，我终于可以按自己课前的预设提问了。"同学们，据我们刚才推测，当时大多数人会喜欢文言文，那为什么新文化运动的干将们要大力提倡白话文而反对文言文呢？"

问题一提出就有学生回答："因为写一篇文言文的文章太难了，而白话文就好写多了，他们为了多写文章宣传自己的观点，当然大力提倡白话文了。"另一学生反驳："我认为你说得不对，你只是从自己的角度考虑问题，陈独秀当时是北大文科学长，胡适是北大最年轻有才的教授，文言文写作对你来说难，对他们来说却易如反掌。"又有学生说道："那时的中国大多数人文化程度低，看不懂文言文，而宣传民主、科学思想的主要途径就是在报纸杂志上发表文章，用白话文写作能让更多的人明白并接受他们的观点。"也有的学生分析说："我认为胡适的观点有点偏激，其实文言文在一定程度上比白话文精练，但胡适等人为了宣传新文化，就会用一切手段对反对他们的人进行反击。因为以前人们宣扬封建文化用的是文言文，所以为了表明自己宣传的是资产阶级新文化，他们就采用和文言文不同的白话文的方式。"我总结道："同学们的见解非常有道理，看来文言文并不是一无是处，而白话文也不是什么都好，当时他们大力提倡白话文，只是资产阶级宣传新文化的一种手段。"

因为对这个问题的分析是学生通过一次次走弯路自己得出的结论，所以教师再讲解前期新文化运动内容间的关系时，他们就很容易理解了。而新文化运动的局限正是由他们的宣传手段造成的，因为他们只知道守着一本《新青年》杂志，在上面发表文章来宣传自己的思想观点，所以仅局限在少数知识分子中间，没能和群众运动相结合，缺乏广泛的群众基础。

这节课我从故事入手，先激发学生的学习兴趣，然后通过拟电文的方式让他们亲身参与体验，学生探究的热情高涨，但和教师的预设产生了矛盾，这时教师就要及时调整原有方案，跟着学生的思路走，因为新课程的最高宗旨和核心理念是"一切为了每一个学生的发展"，而"发展"是一个动态的生成过程，也许学生意外生成中就蕴含着许多有价值的教学资源，会让我们的课堂教学在动态生成中峰回路转，更趋完善。其实这个过程就是再现学生认知问题的一个曲线过程，学生只有不断地经过反复、挫折、弯路甚至出错等亲身体验的曲线过程，才能最终获得自己的认知。而长期以来我们的教育失误就在于教师省掉了学生认知的曲线过程，直接给他们结论。试问哪个真理的获得不是通过曲线的认知过程的呢？所以尊重教育，就应该给学生自由，尊重他们的"认知曲线"。我们知道两点之间直线最短，但在实际操作中，往往曲线才是最省时、省力的选择。如果在教学过程中教师不能重视学生认知的曲线过程，可能以后会有更大的弯路在等着他们。

消除浮华尽显本色

——谈公开课中的虚假现象

公开课本来是教育主管部门和学校组织探讨教学规律、研究教学内容、推广教学经验、开展教学研究活动的一种有效形式，是推进学校教育科研工作、提高教师业务水平的一条重要途径，每一个承担公开课和参加观摩公开课的教师都希望通过这种活动有所收获和借鉴。但是现在的公开课却日益丧失其应有的生命力，一些弄虚作假的现象使公开课的质量和效果越来越差，这种情况必然对公开课的顺利开展产生消极影响。那么现在的公开课到底存在哪些虚假现象呢？

第一，在教学设计上，众人搭台，一人唱戏。

对于公开课，无论学校主管领导还是任课教师都极为重视。学校视其为展示本校教学改革成果的窗口，教研组视其为本组教师教学实力展现的舞台，开课教师视其为大展个人风采的难得机遇。既然公开课承担着如此重要的"使命和责任"，那么单凭开课教师的个人力量便显得微乎其微，于是整个教研组成为以组长为核心，以公开课为目标的团结战斗集体。一堂公开课先由开课教师试上，然后大家你一言我一语，"八仙过海，各显神通"，经过修改，再试上。循环往复，字斟句酌，就像众神造潘多拉似的由大家共同创造出一堂完美的公开课，使听者叹为观止，自愧弗如。但这种公开课充其量不过是演员在背诵台词，一招一式也早已事先演练多遍，教师在整个过程中并没有把自己真正的教学特色展示出来。纵观全课，其实既没有标新立异的鲜明特色，更没有丝

113

毫个性的张扬。平心而论，承担公开课的教师并非无能之辈，他们都具有一定的业务能力和自身的特色，但群策群力的集体备课必然有意无意地遮盖了教师自身的教学水平和教学特色。这种貌似先进的公开课，不能起到先进经验的推广和示范作用。

第二，在课堂教学过程中，按图索骥，画地为牢。

在公开课的教学过程中，开课教师的思路完全按照教案设计进行，甚至什么时间讲授、提问，启发学生到什么程度，学生会怎样回答等，都设计得丝丝入扣。教师就像一位久经沙场的将军，指挥着整堂课，同时也指挥着学生的思维，即使学生的思维超出教案以外，教师也会像牵牛鼻子一样，再把它牵回来。这种公开课看起来课堂气氛热热闹闹，似乎把学生的主体性发挥得淋漓尽致，但归根结底不过是"死教案成了看不见的手"，支配着活的教师和学生。这种课堂教学忽视了教师和学生个体在教学情境中的即兴表现，因此它缺乏生机与乐趣，缺乏对教师智慧的挑战和对学生好奇心的刺激，使师生的生命力在教学中得不到充分展示和发挥。

第三，在教学手段上，追赶时尚，华而不实。

我们不能否认现代多媒体教学手段在课堂教学中所起到的应有效果，但一些公开课为了赶时髦而不惜丢弃传统有效的教学方法，一味地追求现代教学手段，运用时并没有考虑教学内容和学生实际，造成一些公开课变成了多媒体手段的堆砌。电脑牵着教师，教师再牵着学生，过多地、不适当地运用多媒体教学手段，不仅费时费力费神，有时甚至会适得其反。在公开课中鼓励使用多媒体手段无可厚非，但我们绝不应鼓励那种中看不中用的形式主义课堂教学模式。

第四，在教学评价上，头重脚轻，褒多贬少。

对公开课的评价虽是整个教研活动的尾声，但也是最后的高潮，评课质量的高低关系到整个活动的成败，因此评课这个环节尤为重要。但有些公开课组织者在听课之后的评课过程中，重形式走过场，只是匆匆评议，草草收场，或只说好话，一味赞扬，最后在一些枝节上找出一点问题商榷、讨论，甚至还一再声明，"此为一家之言，仅供参考"。这种客套多多、皆大欢喜的评课，对开课教师的自身成长，对听课教师来说，又有多大的促进作用呢？

综上所述，我们可以看出，公开课中的虚假现象已渗透到整个活动的每一个环节，危害可谓大矣。这种虚假的公开课不是教师日常教学状态个性化的体现，也不是学生学习水平的真实反映，教学过程中的周密设计不仅不能体现教师的教学机智，还会妨碍学生的即兴发挥。一旦公开课结束，教师有可能恢复原先的状态，教学观念依旧陈旧，教学过程依然随意松散，同时这种虚假的公开课也会干扰教学秩序，影响教学进程。由于这种公开课是教研组集体智慧的结晶，教师耗时多日的精品，离实际状况较远，所以听课教师难以取得值得推广运用的真经，教师之间相互研讨、共同提高的目的无法达到。

那么什么样的公开课才是我们心目中追求的理想的公开课呢？我认为一堂反映教师一贯教学风格与水平，切合学生实际，未加特别精雕细琢的公开课才是教师之间互相学习，切磋教艺，研讨问题，共同提高的极好机会和形式。

作为公开课的设计者，开课教师应当充分发挥自身的主动性和创造性，体现以学生为主体，以培养学生能力、提高学生素质为核心的教育理念，做到以扎扎实实的课堂改革实践来培养学生的创新精神和学习能力。

公开课的教学过程应当真实地展现学生在学习过程中认识问题和解决问题的能力，展现教师解决教学实际问题的业务能力，展现教师调动学生围绕有关问题进行讨论、分析、评价问题的高超艺术和真实状况，使听课教师能够从中借鉴到好的教学经验，引发自己对相同教学问题和其他问题的思考研究。

公开课的评议活动，应当提倡"品头论足"，把评议过程当作探索教学方法，调整教学策略，总结经验教训，提高教学效果的重要手段。应当首先由上课教师"自评"，着重谈谈这节课的教学思路设计、教学中的得失、教学后的感受。然后由同行教师从多方面、多角度进行全面系统的评价，可以仁者见仁，智者见智，可以求同存异。最后由组织者站在较高的角度进行总结。只有这样才能更好地指导今后的教学研究活动，才能使听课教师在评课分析过程中对照自己的实践，扬长避短，有所得益，从而达到普遍提高教学水平的最终目的。这才是开设公开课的真正意义，也正是我们心目中理想的公开课模式。

最后我们殷切期望着消除浮华、尽显本色，有益于教育事业发展的高质量公开课不断涌现。

一节历史好课应具备的评判标准

——参加2016年度学术年会听课有感

2016年10月27—29日，作为自治区高中历史教学能手培养工作室的主持人，我有幸带着工作室的李荣、崔璇、赵蓓老师参加了中国教育学会历史教学专业委员会在河南安阳举办的学术年会。这次会议的主题为"纪念建党95周年学术研讨"，主要内容有：纪念建党95周年学术讲座、中学历史课堂教学观摩及经验交流。

在短短一天半的活动日程中，我们首先观摩了江苏省南京市文昌初级中学姚琳老师的《汉武帝巩固大一统王朝》、浙江省磐安中学申屠兴山老师的《时代中的詹天佑》两节示范课，接着欣赏了通过全国录像课评选推荐出的两节优质课，陕西省西安市铁一中李元亨的《甲午新探——刻不容缓的现代化》、上海市复旦大学附属中学张敏霞的《美国独立战争》。通过全程听课和课后的专家点评，我们更深化了对一节历史好课应具备的评判标准的认识。

一、巧妙的设计思路

一节历史好课的教学设计，必须要有一条巧妙的主线或一个巧妙的主题贯彻始终，做到形散而神不散。比如，申屠兴山老师紧紧围绕"人字构架"，从"人"字型线路是如何设计的，引出当时的中国为什么要修建难度极大的京张铁路，这条线路到底难在哪里？詹天佑是如何克服困难修建成这条线路的？这条线路的修成对当时的中国有什么价值？然后又从"人"字是如何打造出来的，引出这条线路为什么由詹天佑来修？他的个人成长历程和当时国家民族的命运有什么关系？最后升华到一个大写的"人"字，这一撇一捺对詹天佑来说各自意味着什么？对我们每一个人来说又意味着什么？

姚老师则围绕"大一统"这一主题，从秦始皇实现统一到汉武帝巩固统一，引出汉武帝为巩固统一采取的一系列措施。李老师围绕"现代化的紧迫性"，张老师围绕"人权和自由"，通过这几个关键词的构思把整节课内容贯穿在了一起。

二、恰当的史料选择

在新的学科核心素养理念下，每位教师都非常注重使用史料教学，而不是直接给出现成的结论，做到了史论结合。但大家不是为了突出史料而利用史料，而是围绕教学内容恰当选择一些典型性史料，并结合学生的学识和认知水平选择那些适合学生阅读理解能力的材料。特别是姚老师为了史料的真实性，专门从南京博物馆借出了80枚西汉时期的五铢钱。这种求真的教学态度受到了专家的称赞。所以，评判教师选取的史料，不在于数量的多少，而在于选择的精巧。当然，也有教师所选材料的权威性、真实性受到了现场专家的质疑。

三、精巧的前后呼应

现在的公开课，大家都注意到了导入新课和总结升华之间的前后呼应，以便使整堂课成为一个整体。在这一点上，表现最突出的还是申屠兴山老师的《时代中的詹天佑》一课。因为是在河南安阳上课，他一开始就用甲骨文的"人"字引入新课，整节课设计了两个问题线索：詹天佑的"人"字结构线路是如何打造出来的？詹天佑的"人"字又是如何打造出来的？最后又巧妙地回到了这一"人"字结构。所以，整堂课的教学设计让人感觉浑然天成，丝丝入扣，精彩纷呈。

四、激情的语言渲染

这四位教师都注重以激情的语言表达来带动学生的情绪，渲染课堂气氛。其中给人印象最深的还是申屠兴山老师。特别是在课的最后，他从爱国情怀、高尚品质、卓越才能这三个方面，勾勒出詹天佑大写的"人"字，并进一步启发学生"人"字的一撇代表的是人的顺境，一捺代表的是人的逆境。只有在顺境中不骄傲，在逆境中不气馁，才能走出自己完美的人生。

五、亲和的师生互动

现在的历史课堂，都在强调师生互动、生生互动的重要性和形式的多样性。这几位教师在课堂上也千方百计地创造浓厚的互动课堂氛围，而他们的主要途径则是以自己渊博的知识、出众的口才、亲和的形象，赢得了学生的信任，带领大家顺着教师提供的材料和设计的问题去思考、分析，并最终得出自己的结论和认识。

六、精心的板书设计

在多媒体技术得到充分利用的情况下，有些教师的课堂教学往往忽视了板书设计环节。但这四位教师在课堂教学展示过程中，都注重用概括的语言整理出整节课的板书来展示知识框架结构。

因为上午坐在大礼堂的最后面，我没有看到姚老师和申屠老师的板书。下午听课，我专门抢到了第二排的位置，所以把后两节课的板书抄了下来。李老师《甲午新探——刻不容缓的现代化》的板书设计主线分为三点，战前：旧友邦面临新状况——现代观念；战中：新帝国滑行旧轨道——现代体制；战后：老话题且听新评说——现代认识。并用新时代旧体制、老话题新认识、旧问题新思考，引领学生进一步思考。

张老师《美国独立战争》的板书设计主线是：源自人权的裂纹——税负与议席，无代表，不征税；为了人权的独立——宣战与战争，不自由，毋宁死；追求人权的宪法——邦联与联邦，无天使，唯有人。

七、意外的重难点处理

这个看法主要源于张老师的《美国独立战争》，因为上海使用的教材我不太熟悉，所以不敢妄加评论。但这节课讲到了美国独立战争的原因、经过、结果等，但在重难点的选择上出乎我的意料。按照人教版的内容，我们一般淡化美国独立战争的原因、经过等，重在引领学生讲述、分析1787年宪法的内容和原则。但这节课从时间的分布上，张老师用了14分钟讲解、分析五月花号及其公约、印花税和茶叶税、波士顿倾茶事件等和历史背景相关的知识；用了10分钟讲解、分析《独立宣言》；战争过程用了3分钟，还带出了华盛顿在战后辞去公职等；独立后的美国，邦联体制存在的问题用时3分钟；追求人权的宪法用时15分钟，但张老师重点处理的是和1787年宪法的制定相关的制宪会议长达116天、先后经过569次投票表决、最后有39人签字、各州通过这部宪法的具体时间，中间还引用了一幅世界名画来说明当时的真实情境等。此后还用了12分钟引导学生结合马克思、恩格斯的评价，谈谈自己对美国独立战争和1787年宪法的认识，最后3分钟的总结升华。

八、适时的总结升华

如果说要给上课的教师提出最中肯的意见和建议的话，那就是上课时间的把握上，一定要做到适时的总结升华，不要拖泥带水。有些课拖堂时间显得长了一些，必然是在授课环节要么节奏安排不够紧密，要么是把课堂的教学设计安排得太满，没留给学生独立思考的"留白"空间。其实，一节历史好课，教师不能设计得太满，因为太满，就容易"溢"出来了。

当然，我也知道评价一节历史好课的标准是多样的，真可谓"仁者见仁，智者见智"。但无论好课标准怎么认定，只要是能够调动学生的学习兴趣、提升学生的思维能力、培养学生的核心素养，有利于学生身心健康成长的课就是好课，就应该成为每一位教师在教学上追求的目标。

从一节试卷讲评课所想到的

2017年2月，我带队参加了新疆教育学会在石河子举办的高考命题趋势研讨会，先后听取了教科院领导对自治区一模的相关数据分析和专家的有关高三备考复习的专题讲座。给我感触更深的是石河子一中罗老师上的一节高一历史周考试卷讲评课。听了这节试卷讲评课，围绕着课前与学生和课后与老师的交流，结合我校正在进行的试卷讲评课创新模式的探索，使自己对如何上好试卷讲评课有了更深的认识，也使自己从几个"没想到"中想到了一些问题。

一、没想到他们学校的文理分科这么早

通过课前与学生、课后与老师的交流得知，他们学校的文理分科在高一年级开学后的两个月就完成了。我们学校的文理分科一般在高二年级开学才完成，没想到他们的文理分科这么早。虽然感觉这么早进行文理分科有应试教育之嫌，但静心想来这么做也有这么做的道理。试想，新疆学业水平测试试题难度不大，但全国高考的难度和它不可同日而语，与其花费一年甚至更长的时间应对学业水平测试，不如提前分科，让学生尽早做出选择，在确保学业水平测试过关的同时，提前进入高考备考状态，让教师放心大胆地针对高考提升教学的难度、深度、广度，加大考试和训练的力度，以便让学生更早适应高考，争取到更多的备考复习时间。

当然，这样做也存在一些问题。最大问题就是刚上高一的学生能否在这么短的时间内做出正确选择。这就需要教师和家长引导学生客观分析自身学习的优势和潜力。即使学生没有做出正确选择，只要学校允许学生在升入高二年级

前进行调整，就能解决这个问题。

二、没想到他们高一历史周考卷子这么难

按照我校的考试命题要求，非毕业年级的考试难度系数分布为7：2：1。其实这种要求也是为了适应学业水平测试的需要，让学生尽可能地掌握基础知识和基本技能。但看了罗老师展示出的周考数据统计，学生的最高分74分，最低分36分，平均分为54.7分。这么低的成绩要是在我校的高一年级出现，可能会被批评并要求改正。为什么他们的成绩这么低呢？从教师选择的典型试题解析来看，他们的选择都是高考真题或高三模拟试题。如：

1. 有学者将绢价按当时米价进行折算比较，发现明代中叶，江南的绢价明显下降，比宋代低约11%。这主要是由于（   ）。

　　A. 经济重心的南移　　　　B. 私营手工业的发展

　　C. 重农抑商的影响　　　　D. 白银大量流入中国

2. 毛泽东说："美国是自由世界的核心，民主的保护神，人民的朋友，专制者的敌人。所有封建专制统治者都把美国当眼中钉。"毛泽东的这一言论可能出现于（   ）。

　　A. 国民革命时期　　　　　B. 国共十年对峙时期

　　C. 抗日战争时期　　　　　D. 解放战争时期

这些试题对刚接触高考训练的高一学生来说，的确存在一定难度。但经过两年多的专项训练，到他们参加高考时，能力会提升到怎样的程度？

其实，这个平均分和近几年我校的高考成绩差不多，远远高于全疆2016年的43.57分和2015年的45.86分。所以从高一开始就对学生按照高考能力进行训练，即使出现暂时性的成绩"不理想"，也会为今后的高考取得理想成绩打下坚实基础。

三、没想到他们试卷讲评课的速度这么快，容量这么大

自我校开展试卷讲评课创新模式以来，教师最大的担心和疑问就是一节课时间怎么可能完成一整套试卷的讲评任务？试卷讲评不就是核对答案、答疑解

惑，难道还需要认真备课、制作课件吗？听了罗老师的这节课，我才发现，如果教师用心备课，认真准备，一节课可以完成好多事情。下面就是这节课的基本流程：

一是数据分析明方向。在这个环节，教师先后出示了本次考试的班级分数段分布、最高分和最低分、平均分；优秀率、及格率、不及格率；学科总分前十名成绩和各自的主客观题得分；主客观题得分前十名的学生名单及分数，并与学科总分名次进行对比，查看二者间的吻合度；所有试题的学生正答率人数及百分比。由此找出得分率在70%以上、30%以下的试题，这些试题不在课堂解析范围之内，而得分率在30%—70%的难度适中的试题，就是本课要完成的任务。

二是典型错题夯基础。在通过数据分析找出难度适中的共19道选择题后，教师把这些试题根据题型分成两类：图表型和文字型材料选择题，然后分别选择了2道题进行讲解。教师选出的这几道题不是随意选的，而是有的属于学生基础知识混淆，有的属于学生逻辑思维不清晰。

在听课过程中，我们发现教师对每道选择题的讲解步骤基本是一致的。教师讲解前，先组织学生小组讨论，再让做错的学生解释他的读题过程和解题思路，并说出看到标准答案后自己的认识和感悟。最后让做对的学生展示他的解题过程和思路，说得不全面的地方则由教师补充。在所有学生对这道试题已经理解、没有异议后，教师出示相似题型的高考真题，让学生讨论分析，或进行知识链接，以此拓宽学生视野。例如，在讲解完毛泽东对美国评价的言论后，针对有28.33%的学生错选了A，教师就对国民大革命时期的斗争对象北洋军阀进行了知识链接，补充了必修教材没有涉及的北洋军阀割据形势图及其各自的扶持者。并对1924—1949年间中美关系的演变，通过"国民革命时期——扶植代理人，作为侵华的工具；国共十年对峙时期——扶植蒋介石，支持蒋介石在中国掌权；抗日战争时期——中美合作、共同抗日；解放战争时期——扶蒋反共，企图控制中国"进行概括说明，以此加深学生对这道选择题的理解和认识。

在选择题讲解环节，教师共讲解了试卷中的4道题，高考链接了2道题，知识链接了北洋军阀割据和新民主主义革命时期的中美关系演变。教师引导学生总结出做选择题容易犯的错误：基础知识不扎实；审题失误；理解肤浅等，并指出解决这些问题的主要措施：反复阅读，推敲教材；认真审题；深入分析；及时总结等。教师将学生的2本优秀纠错本和2本知识点总结笔记进行展示，并归纳出这些错题本的优点：该题的正确答案、学生选的错误答案、选错原因、应注意问题等。笔记优秀的表现是：根据教材目录归纳出知识体系，画出知识点之间的关系，从教辅资料中看到的好表格、好材料粘贴等。

在主观题讲解环节，老师首先引导学生了解答主观题的具体步骤：一是审清问题；二是阅读材料，提取有效信息；三是组织答案。并提醒学生答题时要做到：字迹端正、整齐；语言准确、简练，忌口语化；做到段落化、要点化、序号化。其次，根据数据统计找出得分率在难度适中范围内的2道题让学生按照总结出的方法，说出他们审题、读题、提取材料、准备作答的思路方法。最后，老师展示标准答案，看学生有哪些话语思考不到或知识不清，教师再对此进行分析说明。

教师又设计了"请你来阅卷"环节，把考试中的典型答卷通过多媒体展示出来，让学生说出这份答卷的优缺点，该赋多少分。在这个环节，教师共出示了6个存在问题的答卷和5份优秀答卷，并和学生一起总结出主观题作答存在的问题：答题不规范；审题不清；知识点混乱；缺乏从材料中提取有效信息的能力；照搬材料等。

老师还借用王国维在《人间词话》中所说的人生三大境界"昨夜西风凋碧树，独上高楼，望尽天涯路；衣带渐宽终不悔，为伊消得人憔悴；众里寻他千百度，蓦然回首，'答案就在'灯火阑珊处"来比喻历史学习的三大境界：悬思—苦索—顿悟，作为本节课的结束语。

整节课用时共35分钟，课堂节奏干净利落、张弛有度；试题选择有的放矢、目标明确；教师讲解由浅入深、思路清晰，并注重对学生的学习方法和答题技巧的指导训练，是一节难得的、能给人以启发和思考的示范课。

对照我校正在进行的"三三课堂教学模式研究"（即新课、复习课、试卷讲评课的规范课堂、创新课堂、优质课堂活动），虽然学校请来专家进行了理论培训和实践引领，教研中心制定了相关的制度和实施方案，对部分教研组进行了督导检查，并组织了相关课型的校级公开课展示，但感觉大多数教师对开展这项活动的目的和意义的理解深度不够，参与实践、探索创新的自觉性和主动性不强。我校和石河子第一中学相比，在教师的科研能力、科研意识等方面还存在着一定的差距。所以，如何把这项有利于提高课堂教学的有效性、有利于提升学生的综合素质和学科素养、有利于提升教师的专业水平和教科研能力的活动推向深入，是值得我们深刻思考、认真解决的问题，也是推动我校教育教学质量进一步提高的有效途径。

高中文科生应具备的心理素质和人文素养

在现行的高考模式下，高三年级的学生是分文、理科参加高考的。为了适应高考的需要，绝大多数学校在高二年级开始阶段，甚至个别学校在高一年级的第二个学期就实行了文、理分科教学，有意识地加强高考学科的教学任务，而对非高考科目，则降低教学要求，减少教学时间。如文科突出政史地的地位，淡化理化生的重要性。

既然文理分科在所难免，这就对学生结合自己的兴趣正确地评价自身的优势或劣势，准确地选择文科或理科提出了要求。有些学生对文、理科的选报存在一定的误区，如有的因为数理化成绩不理想，才选报文科；有的因为感觉自己记忆力不错，背诵政史地知识是自己的特长，就选报文科；还有的学生因总体成绩较差，被老师强行推到了文科班等等。其实，这些看法或做法都有一定的错误，因为高考对文科生的要求是相当高的，而且文科高考的竞争压力更大。所以，对于已经选择或即将选择文科的学生来说，一定要做好充分的思想准备，积累一定的人文素养，才能更好地应对高考的挑战。那么，文科生应具备怎样的心理素质和人文素养，才能迎接高考的挑战呢？

一、从高校录取人数和专业范围看

从近几年全国各地高考报名的统计数据来看，选择文科的学生比例在不断上升，已从10年前的20%上升到40%左右，甚至某些省份，如广东的文、理科考生报名比例，在2011年达到了1：1，而高校文科招生人数占所有招生计划总人数的比例却只有25%左右。这就造成一个结果：当一个学生选择文科时，他实

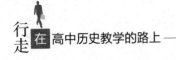

际上就面临了比理科生更大的升学压力。

从专业范围来看，理科生的选择面广，而文科生的专业范围较窄。因为在高校专业设置上，理科生可以选择理科、工科、医学、农学、地质、信息工程、石油等，这些学科或专业文科生不能报考的。文科生可以选报的专业局限在文史、哲学、考古、新闻等。还有一些专业是文理兼收，各有侧重，如外语、国际贸易、会计、金融等。

因此，文科生在高考录取、专业选择，甚至毕业去向等方面，都面临着比理科生更大的压力和考验。这就需要文科生具有更过硬的心理素质，更强大的心理承受力，更激烈的竞争心态，更强烈的危机感和忧患意识，充分认识到自己所面临的严峻形势，把强大的压力转化为学习的动力。从现在做起，从每一天的日常学习做起，早做准备，做好准备，只有这样，才能满怀信心地迎接挑战，决胜于高考考场，并且在今后激烈的就业竞争中立于不败之地。

二、从学生的学习态度和自觉程度看

现在的学生已经习惯了在家长和教师的监督、压迫下被动地学习。想想看，从小学到高中，在学习上留给学生快乐记忆的事情到底有多少？如果以后回忆起自己的童年、青少年时代，留在学生们记忆中的也许是越来越沉重的书包压在单薄的肩上；没完没了的作业占据着本该玩耍的时间；在休息日还要赶往不同的家教地点学习；次次考试排名不断冲击着已经非常脆弱的神经；家长无限的期望、不停地唠叨，教师严厉的斥责、谆谆的教导时时回荡在他们的耳边。这些就是小学，特别是初高中学生学习生活的真实写照。在这种挤压式的环境下，他们是否真正体会到了学习的快乐？是否养成了自觉、自主学习的好习惯？

特别是选择了文科以后，文科生逐渐摆脱了理化生学科的束缚，不用再去记忆那些总也记不准的定律、公式、方程式和各种让人眼花缭乱的符号，只剩下数学科目还需要像理科生那样陷入题海战术，不断做题，强化训练。特别是进入大学后，由于大学和中学的教学、管理模式截然不同，文科专业的学生在学习方法上是以自学为主，教师上课会给学生指定更多课外阅读的参考书籍，而不是中学阶段"满堂灌"的模式。那时的他们会拥有更多自由、空闲的时间归自己支配。这些空闲下来的时间，他们是应该在大学图书馆里度过的。如果缺乏自觉、主动的学习态度，不会合理、有序地安排时间，他们就会感到大学的学习更加无聊，日子过得太慢，等到发现自己马上要毕业走上社会的时候，会突然感到大学四年的记忆是空白的，一无所获。

所以对文科生来说，必须具备正确的学习态度，真正认识到应该为自己的前途而读书，为社会、为家庭承担起更多的责任，不辜负家长和老师的期望，增强自己的使命感，养成自觉、自主学习的好习惯，学会合理安排时间，真正从学习中体会到快乐，做学习的主人。

三、从高考的课程设置和难易程度看

文科生的高考科目为语数外和政史地学科。对于相当一部分文科生来说，数学是最难学的，甚至是要命的科目，在高考中数学成绩相差100多分不是奇事，数学成绩的高低对高考总分的决定作用是不言而喻的。所以，要恭喜那些数学成绩突出的学生，单就这门学科而言，他们已抢占了一个胜利制高点。同时，要更真诚地谆谆教诲那些数学成绩差的学生，一定要破除畏难情绪，立下雄心壮志，在老师和同学的帮助下，攻克数学难关。狠抓基础知识，牢记定理、公式、例题、典型试题、易错题，向基础知识要分，向及格成绩努力，并充分利用文科数学试题相对理科题目较容易的优势，尽量缩小和数学成绩好的同学在分数上的差距。

英语学科可以说是文科生的优势科目，特别是相当一部分女生有非常好的语言天赋，学英语能让大家体会到更多成功的快乐和分数上的成就感。但对一部分学生来说，英语绝不能成为他的弱项，因为不管选择到哪所高校深造，大学英语是必修课，英语成绩的好坏决定了他能否顺利完成学业，拿到学位，甚至出国深造、考研、找工作都需要英语成绩作为敲门砖。所以那些对英语不够重视，成绩不太理想的学生，一定要多记单词，多背语法、句式，多做专项训练和成套试题，将成绩提高上来。只要数学、英语学科成绩过关，达到自己的最佳程度，高考就成功了一大半。

在高考的所有科目中，还要把握一个原则，那就是"不求门门功课都好，但求门门功课不差"，也就是不能偏科，最起码偏科现象不能太严重。只要不偏科，没有太大的瘸腿，最好还能有一两门学科的成绩较突出，那么高考就已经成功一半，就能够实现自己的考学目标。

四、从学习兴趣和学习方法来看

人们常说，兴趣是最好的老师，是引导一个人走向成功最重要的动力。这话非常正确。可是，我要说的是：为了高考，不能单纯以个人兴趣来判定自己学习的动力。比如，有的学生对数学感兴趣，他就天天盼着上数学课，天天做大量的习题而乐此不疲，尤其喜欢做难度大的试题来展示自己的数学天分。这不是坏事，但就怕他在对数学表现出浓厚兴趣的同时，对其他学科没有兴趣，并对没有兴趣的学科采取漠然消极的态度。很多偏科的学生就是这样的，这是人之常情，我可以理解，但这正是这些学生不成熟，有孩子气的表现。因为，从大的方面讲，做人不能单凭自己的兴趣做事而不考虑社会的需求、他人的感受；从高考的角度看，高校录取完全是按照考生的总成绩进行的，只有总成绩进入高校提档线后，在专业分配时才会参考学科的单科成绩。

在此，我真诚地奉劝学生，在中学阶段，一定要把更多的精力放在学好各门学科的基础知识上，努力提高自身的综合素质，千万不要单凭兴趣办事，人为地冷落某些学科。更应该记住，为了高考，要加强对自身兴趣薄弱学科学习的重视程度，有意识地强迫自己对那些科目找到兴趣，把自己真正感兴趣学科的学习能力和潜力，留待今后去高校深造。以后有的是时间去从事自己感兴趣学科的学习和研究，只要真是这方面的可塑人才。

高考备考复习时间紧、任务重、压力大、学习生活单调。在这种情况下，学生一定要减少抱怨和牢骚，尽快适应高三的学习和生活节奏，尽量找到适合自己的科学、有效的学习方法。好的学习方法可以向同学借鉴，向老师询问，但一定要注意，每个人的实际情况不一样，学习方法也应不尽相同，因此找到适合自己的、有效的学习方法非常重要。方法可以不同，但好的学习习惯是必须有的，如学习的计划性，做题细心、认真，预习新课，勤学好问，善于思考，学习诚实、踏实等，都是应该具备的学习习惯。

对于文科生来说，还有一条也很重要，那就是爱读书（包括杂志、报刊等）、关注时政热门话题，能够多渠道、多角度地搜集知识信息，拓宽自己的知识视野，接触一些新的观点和理念，能够把这些课外知识与教材知识相结合，灵活运用，这对高考乃至今后的学业发展都有至关重要的作用。

高中历史教学的探究与反思

——从学生给老师的一封信谈起

2015年高考，我校郭同学（锡伯族）以663分、全疆文科状元的成绩被清华大学经济与管理学院录取。这是州一中的荣耀，也是昌吉教育的光荣。作为她的历史老师，6月20日，我收到了她写给我的一封信。全文如下：

亲爱的迟老师：

从未对您说起，我一直将在高中遇到您视为极其幸运的一件事。

高一的我像大多数同学一样，把理科视为理所当然的选择。但高二分科时，我遵从自己的内心，带着对未来幼稚而美好的想法选择了文科。虽然未曾听过您的课，但您强烈的个人风格与口耳相传的教学能力仍成了我最终走进文科班的原因之一。现在高考已经过去，我想，向您表达敬意与感谢的最好方式，便是告诉您：在与您相识相知的两年中，我从您那里到底学到了什么，又有哪些思考。

两年的历史课，有三幅画面让我现在想起来还热泪盈眶。

第一幅，是您为我们讲解先秦时期的儒家思想。在黑板上列出孔子思想的主要内容后，您以十分简洁的话语进行了解释，然后告诉我们：孔子的思想内涵远不止此，还需要我们自己去探索研究。当时的您身体略显疲惫，但言语中仍充满了对知识的尊重和对学生的期望。理性的分析与感性的表达相互融合，令我在课后久久思索您所表达的含义。

第二幅，是您在讲述罗斯福成功当选美国总统的自身因素时，将课本上对他的评价脱口而出："渊博的知识、独到的见解、出众的口才、亲和的形象和克服危机的坚定信心。"那是第一次，课本中的文字在我的眼里活了起来。严肃的表情、挥舞的双臂、克制的声音，那一刻，我真切感知到您作为一名教师的人格魅力。除了罗斯福，还有汉武帝、黄宗羲、华盛顿等，一个个历史人物在您的讲述下变得立体而鲜活，您让我们感受到了历史课的魅力。

第三幅，是高考前您最后一次告诉我们，跟您学历史，到底能学到什么。是的，早在这个班级组建前，您便清晰地知道我们可以从您那里学到什么。我们没有在高二按部就班地学习选修，而是提前开始了高考一轮复习；我们从未进行乏味的默写，而是自由选题开展"课前两分钟"；我们没有做不完的练习题，而是把每道题掰开揉碎、拓展重组。因为您知道课本终将被我们丢弃，而严谨的思维习惯会如影随形；您知道单凭基础知识不能帮助我们高考获胜，而正确的解题方法会让每场考试变为一次游戏；您知道标准答案会束缚我们的思维，而学会反思才能使我们有所长进。

您一直坚信，如果学生敢于或有能力辨别出您学识上的不足，那么他就从老师那里学会了独立思考。高考前针对选择题的集中训练便是这种思维的实践。您鼓励我们相互争辩，甚至在激动时红了脸、站起身也不为过。我非常享受这种教学方式，因为真理越辩越明。也许我们曾不止一次地让您感到"只见耕耘，不见收获"，但请相信，这一切早已在不知不觉中深入我们的灵魂。囿于相对短浅的目光、贫乏的知识和迟钝的理解能力，我们无法在当下向您回馈，但未来我们将会依着您的根系向上生长。

高考答完文综试卷后我看了看表，发现意外地剩余了十五分钟。脑海中，我笑着对自己说："这张卷子就是根据迟老师的想法出的啊！"您在高二开始对我们进行的高考答题训练，使我很早就学会了轻松应对主观题的技巧：用好材料、找准角度、高度概括。然而，考试总是不可避免地留下遗憾。一是我对课本的熟悉程度远远不够，二是历史知识体系的构建没能完成。对此，您曾在不同阶段多次提醒过我们，但我所做的还不能达到老师所愿。

与您相识两年，我深以为您是这样的一个人：您在职业上寄托了自己的理想和生命，而不是把职业当成生存之道。柴静在央视的导师陈虹曾说："成功的人不能幸福，因为他只能专注一件事，不能分心，必须全力以赴工作，不要谋求幸福。"而我希望您能永远感到幸福。对我来说，在您的注视下成长，便是幸福。

这封信我用心读了许多遍。是的，作为一名有25年教龄的高中教师，我一直在思考：我的历史课到底应该让学生学到些什么？

如果说学到的是历史知识，那么高中阶段的历史知识讲到的只是一些肤浅、表面的东西。如孔子、孟子、董仲舒、朱熹、王阳明等儒家代表人物的思想主张，教材只用了几百字甚至更少的篇幅，根本无法让学生深刻了解其内含。所以，我在把相关教材内容整理出来后，会适当补充课外史料，并给学生推荐一些书籍。如在讲述王阳明的心学后，我向他们推荐了《明朝那些事儿》《明朝大儒王阳明》等。没想到，一个学生到了大学期间把研究王阳明作为毕业论文的选题方向。为此，他购买、借阅了许多书籍，做了大量笔记，并送给我十几本有关王阳明的书。每次他放假回来，我们都会就王阳明的个人经历、思想主张、历史影响等进行讨论、辩论。

如果说学到的是历史结论，那么高中阶段的历史结论有些在学术界还存在争议，甚至一些重大事件的结论到了大学阶段还会被推翻。如关于鸦片战争的一些史实和结论，在我们阅读了茅海建的《天朝的崩溃》和易中天的《鸦片的战争和战争的鸦片》后，就感觉再用老观点给学生讲解鸦片战争，可能就是误人子弟。倒不如直接告诉学生学术界的相关争议，或推荐相关书籍、文章，让感兴趣的学生自己去阅读、分析。

但是，高三阶段终归面临着高考任务。既然我们无法保证所授知识和结论的科学性、严谨性，那么，为了应对高考，我们就应该教会学生阅读材料、审清题干、规范答题的技巧和方法。所以，在课堂教学中，教师要精心选择典型史料，引导学生掌握如何抓住材料中的关键词语、有效信息，如何看着材料自己设计问题和解决问题。每次模拟考试后，教师在讲解试卷时也不要局限于就题解题，而是要善于引导学生总结解题技巧和方法，并进一步挖掘材料中的有效信息。

古罗马法学家盖尤斯记述过一个案例：有人砍伐了邻居家的葡萄树，被告上法庭，原告提供了确凿证据，却输掉了官司。原因是原告在法庭辩论中把"葡萄树"说成了"葡萄"，而《十二铜表法》只规定了非法砍伐他人"树木"应处以罚金。该案例说明当时在罗马（　　）。

A. 不重视私有财产的保护　　　B. 法律具有形式主义特征

C. 审判程序缺乏公正性　　　　D. 审判结果取决于法律的解释

这个案例表达的主题是：原告证据确凿，只因口误而输掉官司。这充分反映了当时的罗马法内容呆板，缺乏灵活性，属于典型的形式主义。故标准答案为B项。《十二铜表法》规定"非法砍伐他人'树木'应处以罚金"，说明罗马法重视保护私有财产，A项错误。材料表明案件的审判程序没问题，审判结果不但取决于法官对法律的解释，还有法庭辩论，故C、D项错误。

在对试题讲解完毕后，可以进一步思考：在《十二铜表法》颁布前，罗马只有习惯法，法律与习惯间没有明显界限。这样，多由贵族担任的法官常常随心所欲地解释法律，损害平民的利益。经过平民的长期斗争，罗马制定了第一部成文法《十二铜表法》。从此，审判、量刑都有法可依，贵族对法律的随意解释受到了限制。但是，为什么在这个案例中平民的利益并没有得到保护？为什么法官要死抠字眼，使平民输掉了证据确凿的官司呢？关键就在于罗马法最终是要维护奴隶主贵族的利益。这就加深了我们对罗马法本质的认识。

至于我上课引用的罗斯福当选美国总统所具备的自身素质——"渊博的知识、独到的见解、出众的口才、亲和的形象和克服危机的坚定信心"，那是我一直思考的"好老师的评判标准是什么，自己职业追求的目标是什么"的答案。对此我真的用心思考了好多年，直到有一天我在教材上看到这句话，一下子就感觉它说出了我的心声，代表了我的目标和追求。从此，这句话就深深地印在了我的脑海里，只是我把"克服危机的坚定信心"改成了"克服困难的坚定信心"。

从五个 "没想到" 所想到的

2015年10月24日，由昌吉州教育局主办的学校管理暨2016年高考备考研讨会在阜康一中举行。来自河北衡水中学的领导和教师分别就学校管理、年级管理、班级管理、学科建设和高考备考复习策略等，做了专题讲座。我感觉这是近几年来听过的对我触动最大的讲座。特别是历史中心教研室乔老师所做的 "潜心研究、把握方向、科学备考、强力攻关" 讲座，让我这位已有25年教龄、带过20届高三毕业班的历史同行有五个 "没想到"。

一、没想到他们对文综高考成绩的目标定得这么高

在备战2016年高考时，他们对年级前10名的学生定出的文综成绩目标为250分以上；前30名为240分以上；前50名为230分以上；任何想上大学的同学不能低于215分！

他们定出的成绩目标让我感到非常震惊和意外。因为在我的眼里，随着文综高考能力要求的不断提升，学生的考试成绩在普遍下降。以我校为例，查阅近十年的文综高考档案，学生能够考出250分以上的高分还要追溯到十年前。2005年，马同学以640分被北京大学新闻与传播学院录取，她的文综成绩为262分。2006年，李同学以673分被北京大学经济学院录取，她的文综成绩为260分；陈同学以614分被武汉大学人文学院录取，她的文综成绩为252分。从此以后，我校学生的文综最高分徘徊在230分上下，最高的是2007年范同学的240分，她以622分被南京大学法学院录取。

2015年高考，我校郭同学以663分、新疆文科状元的身份被清华大学经济管

理学院录取，她的文综成绩为238分。兵团二中的汪同学以657分的裸分成为全疆最高分，她的文综成绩为233分。据说今年新疆文综最高分为244分。我校文综成绩过200分的也只有22人。

那么，他们为什么能定出这么高的文综成绩呢？看看他们所提供的2013年、2014年的高考数据：2013年衡水中学考入清华和北大学生的文综最高分为261、最低分为231、平均分为247.47；考入一本的学生最高分为253、最低分为186、平均分为227.31。2014年考入清华和北大学生的文综最高分为275、最低分为245、平均分为254.88；考入一本的学生最高分为273、最低分为212、平均分为236.55。这就充分说明他们能定出这么高的文综目标是有依据的，而我们的成绩，甚至可以说是整个新疆的文综成绩和他们相比，差距确实很大。

二、没想到他们开展学科教研活动的形式会这么多样

就历史学科而言，他们长期坚持开展的教研活动形式有：高考总结研讨会、教师外出教研、教研组教研、备课组一课一研、考后班级教研、文科综合教研等。特别是一年一度的高考总结研讨会，是他们确定目标、制定策略的动员会、指导会。在这次会议上，他们首先细致研究、分析近三年全国卷的特点，以便为各年级教学尤其是高三教学提供重要依据。然后，认真分析、总结当年高考备考复习中的得与失，以便为下一届备考指导提供借鉴。最后，通过研讨、交流，明确来年高考的学科奋斗目标，并群策群力、科学谋划新一轮备考的具体策略。

常抓不懈的备课组一课一研活动则成为他们落实高考总结研讨会确定的目标、制定的策略的实施会。其基本流程是：制订计划—个人备课—集体备课—课堂实践—课后反思；坚持的原则是：制订计划要早、个人备课要真、集体备课要实、课堂实践要悟、课后反思要新等。

他们就是通过这样一系列成系统的教研活动来研究教材内容、高考特点、教学方法、学生学情等，这就为他们最终能够取得让人感叹、羡慕的成绩打下了坚实基础。

其实，我们也有自己的教研活动，而且学校对此做出了很多这样那样的要

求和规定。但静心想一想，我们的教研活动有没有落到实处？有没有像衡水中学那样形成一个体系、突出自身特色、做到追求一个真、落到一个实上？有没有真正起到提升教师专业水平、提高学生成绩的作用呢？

三、没想到他们对高考真题的挖掘利用程度这么足

进入高三阶段，教师和学生必须要做大量的试题进行训练、提升。但在他们的意识中，需要的是教师跳进题海，而让学生尽量脱离题海。教师最应该跳入的题海不是各式各样、鱼龙混杂的模拟题，而是经过专家用心斟酌、推敲完善的高考题。所以，每年高考结束后，他们都要组织教师做全国大纲卷和自主命题省份的学科试卷，并分别指定专人负责对各套试卷的命题范围、难易程度、考查重点、学生易错知识点等进行分析。然后派专人把这些试卷按照教材章节循序重新整合，并要求教师有意识地把相关试题运用到课堂教学之中。

同时，他们还把近三年的高考试题通过改一改（对试题的条件、范围、角度进行改变）、扩一扩（对试题所含的知识内容扩大使用范围）、变一变（把主观题和客观题相互变型）、反一反（把题肢和设问反过来问，增强设问的敏感度）等方式，有意识地渗透到周考、月考的模拟试卷当中，让学生能够时时处处感受到高考能力要求的存在，不断揣摩、把握高考命题者的考查意图和自己应该学习、努力的方向。

其实，我们也清醒意识到了高考试题在备考复习中的重要性，也在每年高考后撰写试题解析，把高考试题运用到课堂教学当中。但和衡水中学相比，我发现我们做得还远远不够，还没能把高考研究和试题利用渗透到骨子里，融入日常教学、训练中。

四、没想到他们对复习资料的审定程序要求这么严

在指导学生备考过程中，教师的一项重要工作就是各类复习资料的选用和模拟试卷的命制。但我没有想到衡水中学在资料的选用和试题命制过程中会有如此严格的审定程序要求。他们的一套资料或试卷的成型要经过11道程序：全

组教师根据考试范围排查相关章节的高频考点；确定考试的考查方向和重点知识；命题人按照商定计划进行选题组题；完成后交由第一审核人审核并提出意见；命题人根据第一审核人的意见进行修改完善；修改后上交第二审核人审核修改；全体教师做一遍找出存在的争议点；全体教师对争议点开展教研讨论；大家形成共识后定稿排版；教研组长再次审核签字；放入相应文件夹并打印下发。

在这样严格的程序下，一套试卷要通过多次审定、修改、讨论，这就最大限度地确保了试题质量和考查学生的可信度，从而使试卷尽可能接近高考能力要求，并提高了模拟训练的有效性和指导教学的方向性。

想想我们平时的模拟考试或周考训练，要么通过各种途径找一套现成试卷，要么单枪匹马地把几套试卷裁剪、粘贴成卷，要么通过网络组卷，却很少静下心来思考试卷与高考能力要求、教材重难点知识、学生学习中的困惑或易错点之间的关系。看来我们的平时训练和命题环节还有很多需要改进和完善之处。

五、没想到他们对每次学科模拟成绩的分析这么细

衡水中学特别重视对学生的考后分析，他们通过学情问卷明方向、考后数据找问题来齐心协力抓成绩。

为了更好地了解学生在学习和生活中存在的问题、困惑，以便及时向有关教师和学校领导反馈，从而制定切实可行的措施，为学生创造更好的学习环境，他们每次月考后都要向学生发放《学情问卷调查表》。并就学生学习中存在的问题、班级管理中存在的问题、学优生和学困生的人员变化等，向任课教师发放《教学信息反馈卡》。

他们还利用先进的网上阅卷系统和庞大的数据统计，对各班名次段的人数对比、各班学科平均分比较、班级学生的单科和总分的成绩和名次、每道试题的年级和班级学生的正答率、每个学生每道试题的正答率等，进行深入细致的分析、对比，以此找出班级之间、学生之间存在的问题和差距。

看了以上五个"没想到"，仔细想来正是由于他们有了形式多样、行之有效的教研活动，对高考真题的充分挖掘和利用，对复习资料和试题命制程序的严格审定，对学生每次模拟考试成绩的细致分析，才有了让人羡慕、惊叹的高考成绩目标的确定。所以，衡水中学不断追求卓越的远大目标、科学严谨的工作态度、团结合作的团队意识，真的值得我们好好学习、用心揣摩。

走在孩子的后面，陪伴他们的成长

——《走在孩子的后面》读书心得

这是我第三次翻阅《走在孩子的后面》这本书了。半年前的第一次阅读，我就被书中六十多个孩子不同的家庭背景、鲜明的性格特征和丰富的内心世界所吸引。三个月前的第二次阅读，我又被作者蔡兴蓉老师主动了解孩子、与孩子平等相处的教育姿态，善于引导孩子、灵活多变行之有效的教育方法，找准孩子兴趣点、激发每个孩子求知欲的教学效果所折服。

现在的我，再来翻阅这本书，"走在孩子的后面"这句话引起了我深深的思考。"走在孩子的后面"，这是法国启蒙思想家、被称为"儿童的发现者"卢梭说的话，也是他的核心教育理念之一，就是要"多了解孩子，多去发现孩子，蹲下来听听孩子的心声"，"毕竟跟随而不是牵引，才能更好地观察、督促和陪伴孩子，才能真正实现师生共同成长"。

回想自己24年的教学经历，反思自己在教书育人方面的教育方法，使我对"走在孩子的后面"这一理念有了更深刻的理解。下面就结合我和学生的故事，谈谈对这个问题的认识。

一、走在孩子的后面，就是要关注他们的成长

学校就像"铁打的营盘，流水的兵"，教师每年都要送走一批学生进入高校深造。所以，教师走在孩子的后面，首先要真心关注他们的成长。不但要关注他们在中学时的学习生活、心理历程，更要关注他们以后的成长方向，让他

们最终成为对社会、家庭有责任感、敢担当的人。特别是那些在中学阶段给教师留下深刻印象的学生。

2007年暑假，我结束了在北京大学为期一年的进修学习。回到学校后，领导交给我一个任务：举办校园百家讲坛。这和我的打算不谋而合，因此，我愉快地接受了任务，并为此做了大量准备，终于在当年9月6日举办了"激发学习动力，树立远大目标——北大学习归来谈感受"的讲座。但是，几经动员，学生登台演讲的积极性还是没能激发出来。在安排了六期教师的讲座后，2008年4月的一天，高三6班的一个女生找到我，说她打算上百家讲坛。我问她准备讲什么内容？她说讲《红楼梦》，因为这部小说她已读了不下二十遍，对书中的人物角色、故事情节非常清楚。我说好啊，那你能不能把文字稿写出来给老师看看？她说可以，但要给她三天时间。我说给你一个星期，希望你用心写出有自己观点的文稿。没想到三天后，她就把一篇洋洋洒洒一万多字的文稿交了上来，并且写出了讲座的宣传词。

2008年4月16日，"红楼里的草根们"讲座在学术报告厅举行，可谓座无虚席。在一个半小时的讲座中，讲者妙语连珠，听者聚精会神。作为我校百家讲坛由学生主讲的第一期，这场讲座的效果大大超出我的预料，也大大激发了学生登台讲座的积极性，此后到我这里报名的学生络绎不绝。要知道，举办这场讲座时，离高考仅有50天的时间。能够在那么紧张的备考复习之余，做这件看似和高考无关的事情，得需要多大的勇气。就是因为这件事，从此我记住了每一个登台讲座的学生姓名，并开始跟踪、记录他们的高考情况和就业去向。

这个学生当年以473分的成绩考入天津商业大学酒店管理专业，现在美国丹佛尔大学留学。我为州一中有这样的学生感到自豪。

二、走在孩子的后面，就是要倾听他们的心声

在每位教师的教学生涯中，总会遇到很多在学习方法、思想情感、家庭生活等方面遇到问题或困难的学生。所以，我们走在孩子的后面，还要善于做他们的思想工作，能够俯下身子用心倾听他们的心声。也许我们的倾听不能帮助他们解决实际问题，但可能就是我们的用心倾听，会改变一个学生的命运。

2014年9月5日，我收到一封没有署名的学生来信，讲述了一次我已经忘记但给学生留下深刻印象的谈话和倾听。全文如下：

迟老师：

您好！我是2005年从州一中毕业的。当年考入西南大学，现在成都工作。真是不敢相信，晃晃悠悠中，从州一中毕业近十年了。如果在昌吉有幸遇见您，相信我还是能认出您来（如果您发福不是很厉害的话）。

我现在挺好的，靠自己的努力，爱情、事业、收入，一切都很满意。去年底，我对自己的青春过往细细回忆了一番，到了高中那段生活，您的影子自然而然地浮现在脑海中。尘封的记忆一旦打开，就如开闸的洪水，汹涌地扑面而来。在回忆中，我几次湿了眼眶，很是感谢您当初的指点。

对您来说，带过太多优秀的学生，肯定已不记得我了。高一时，正赶上州一中扩招，从奇台小镇来到昌吉的我有太多的不适和惶恐。以前同学的父母，不是种地的，就是做小生意的，偶尔有个同学的父母在政府工作。现在的同学，父母大都在政府机关，生活都如此优越。突然间，周围的一切是那么陌生，让我感到无助。以前的自己是那么优秀，现在其他的课程还好，英语却让我无能为力，和周围同学的差距太大。

从那么小的地方来昌吉读书，希望自己能优秀，能获得在奇台得不到的知识和成绩。父母的期望和付出，自己的挣扎和无力，那些日子真的是这么多年来最崩溃的时候。如此的惶惶不可终日，在我内心纠结实在难受时，在我想放弃州一中的高中生活转回奇台时，我决定找您说一说，看看在您的帮助下，我能否打开一个缺口，获得一丝生机，在这里继续学习下去。您不是我的班主任，一周两节历史课而已，我不知道是为什么会找到您的。按现在的理解，可以说是您周身充满了正能量的气场吧！

九年的时间过去了，当初的画面依旧如此清晰。透过时光，我似乎能看见那个曾经瘦小的自己的背影，还有坐在对面不时扶眼镜的您。坐在您的办公室里，只记得您略带无奈的笑声，不记得您当时是如何劝说我的。或许您说了什么根本不重要，只是深深地感谢您当时的真诚和接受，可以倾听一个女孩子一把鼻涕一把泪的诉说，在如此忙碌的教学中，愿意拿出一节课的时间给我。或许当时别别扭扭的我，在走的时候连"谢谢老师"这样的话都没能对您说。

后来，我选择了文科，在州一中念完了高中，历史一直是您教的。按照人情礼仪，我肯定要在高中时或高考后请您吃顿饭，但请原谅我的不懂事及胆怯。那时的我，真的不知道怎样请一位老师吃饭，甚至在高考完打工之前，我连外面饭馆一份炒面是多少钱都不知道。回想起来，是如此的遗憾。

去年底，我急于想找到您的联系方式，想捎给您一份能表达心意的礼物。果然，网络太强大，前后没有五分钟，就找到了您办公室的电话号码。有一点点的失落，期盼和美好不该来得这么容易啊。因为接近年关，学校已放寒假，我不确定您能否收到我的礼物，所以就早早写下了备忘录，希望在今年教师节送您一份礼物。当初不知道您喜欢什么，时隔多年，现在的您我更是不了解。今年的教师节连着中秋节，俗气了又俗气，一盒月饼寄相思，就让您和家人一起尝尝四川的月饼，希望您能喜欢，希望它和麦趣儿的味道不一样。

真诚地感谢您，无关我当初选择留在州一中是否正确，只是深深感谢您当初的真诚。迟老师，谢谢您为我们的付出，为教育事业的付出，也谢谢您的真诚和善良。

祝您身体健康，家庭幸福，工作顺利，桃李满天下！

州一中2005届一名普通毕业生

2014年8月28日

另：高考时我的英语考了128分，单科分数是州一中当年很高的分数。

读完这封信，真的让我十分感动。感动于这位知恩图报的学生，感动于自己在不经意间帮助过一位需要可信任的老师来倾听心声的学生。我一定要把这封信读给我现在的学生听，我一定要找到这位学生。

三、走在孩子的后面，就是要做他们的坚强后盾

在这本书中，有一个故事讲到：一位从小成绩优秀的男生，由于好胜心太强，很讨厌那些成绩超过他的同学，甚至在高中阶段为了给他们一点罪受，去偷他们放在寝室的钱。每次得手后，就把钱用纸包好，然后写上"失主"的姓名，塞在他的毛毛熊玩具里。班主任和政教处多次调查都无功而返，他为此

感到自豪、刺激，并因此获得了某种心理平衡。但故事的结局很让人痛心，这个男生最终选择了自杀。看完这个标题为《天》的故事后，我想起了自己也经历过类似的事情，但最后得到了妥善处理，取得了校方、家长、学生都满意的结果。

其实，每一位学生都是教师眼中的孩子，他们在年轻时犯的错误都是可以原谅的，我们应该给他们一个改过自新的机会，并做好他们改正错误的坚强后盾。

四、走在孩子的后面，还要对他们进行正确引导

在教师所接触的学生中，总会遇到一些常人眼中的偏才、怪才，他们可能在某些方面就是人们常说的天才。对这些学生需要教师给予正确的引导，才能为他们的聪明才智创造展示的空间。在这方面，我也帮过一些学生，但有一位学生却给我留下了深深的遗憾。

2010年9月，我听说高一年级有一个学生在初中阶段就获得了四项国家发明专利。在打听到他的姓名和班级后，我找到他，并要他把各类证书拿来看看。不看不知道，一看吓一跳。他除了有四项发明专利证书外，还有第四届中国少年科学院小院士评选"提名奖"、第三届中国少年儿童"科技之星"科普知识竞赛二等奖、第四届"艺术之星"全国少年儿童美术摄影大赛美术特等奖等荣誉称号。看到这么一个多才多艺、又有专业特长的学生，我非常兴奋，极力推荐他上校园"百家讲坛"，主讲《中学生应具备的科学素养》。

在此后的校园活动中，我多次看到他在舞台上表演川剧绝活"变脸"，还听说他当选了校学生会主席。我从内心为他感到高兴，心想这样的学生才是适应社会需要的具有综合素质的人才，大学更会为他的成长提供大的舞台。

没想到，2014年3月，我在校园又碰到了他，一问才知道他去年高考落榜，没办法只好选择了复读。我问他当时有没有参加自主招生，或把自己的专利、获奖证书寄到高校自我推荐，他说没有老师向他提到这些事情，他也就没这样做。知道这些消息后，我既为他感到惋惜，又有些自责。如果当时我把这孩子盯紧一些，在高考前向他说明有关自主招生的政策，或积极向学校反映，再通过学校向高校推荐这位学生，也许他的前途会有所改变。

后来和校长交流这件事，校长也意识到了在这件事上的工作失误，并表示学校一定要加大对这类学生的关注力度，并给予他们应有的正确引导，以杜绝此类事件的再次发生。

以上就是我对"走在孩子的后面"这一教育理念的思考和认识，也是我阅读这本书的真实感受。感谢有这样一本好书，让我对以往的教学经历进行了总结和反思，也让我真切意识到了"教育方式的多样化，可以使教育像生活本身一样丰富多彩，也可以像生活本身一样自然天成"。

激发学生学习兴趣，培养自主探究能力

　　我是一名从教26年的高中历史教师，也有过初中教学经历，现在担任高三文科班和初二年级的历史教学任务。读了2021年8月26日"教学"栏目刊登的山东淄博市皇城镇第一中学李秀笠老师的《学生为什么只会做"搬运工"》一文，引起了我的共鸣和深思。学生在课堂上对教师预设的问题无法利用已有的资源进行自主思考，缺乏自主探究的能力，这种现象不但在初中阶段有，在高中阶段也同样存在，只是感觉初中阶段问题更严重些。究其原因，我认为有以下几个方面：

　　第一，学生对历史学科的重视程度不够，学习兴趣不浓。毋庸讳言，在现在的教育体制和考试模式下，历史学科的"副科"地位在一些家长，甚至学校领导的观念中还是根深蒂固的。特别是初中阶段，问题表现得更严重些。这就势必影响到学生对于历史学科的重视程度和学习兴趣。在重视程度不够和兴趣不浓的情况下，指望学生课下对历史知识进行预习或复习，以备课堂上回答问题、自主探究所用，难度是很大的。

　　第二，学生头脑中已有的对教材和教师权威的盲目迷信，也制约着他们对教师所提问题进行细化和解决的思路。再加上由于课业负担重，学生课外阅读量远远不够，这就造成他们课外知识储备有限，即使他们想扩展视野、自主探究，对教师预设问题谈出自己的看法，也好比是"无源之水、无本之木"。

　　第三，也许更重要的原因在我们教师身上。比如，有些教师过于热衷于课堂上的讲授，没有注重培养学生独立思考、自主探究和合作学习的习惯，一旦突然改变教学方法，试图让学生参与到问题的讨论当中，学生还有一个适应的过程。对此，我深有感受。有些教师设计的问题不够新颖、明确，本身缺乏思维含量，这就在无意当中把学生培养成了简单的"知识搬运工"，从而无法调动学生独立思考、自主探究的积极性。或者是有些教师不能为学生提供充足的论证材料，单纯地让学生发挥想象来回答问题，这就好比让学生建造"空中楼阁"等等。

在找准问题症结的基础上，教师就可以采取措施，对症下药，来培养学生独立思考、自主探究的习惯和能力。

首先，教师要千方百计地提高学生学习历史的兴趣，调动他们的积极性。这是解决学生自主探究基本功缺乏的前提。至于如何做到这一点，我相信每位历史教师都有自己的妙招。但我认为，最关键的一点是，历史教师绝对不能自认历史学科是"副科"，而要把历史课堂当作展示自己人生的精彩舞台，用真心和热情来感染、带动学生学习历史，学好历史，从而让学生真正体会到"读史使人明智"的含义。

其次，教师要引导学生养成爱好读书的习惯，培养他们阅读理解方面的能力。这是解决学生自主探究基本功缺乏的基础。在每次节假日、寒暑假，教师都会按照学生休息时间的长短、年级的高低，给他们布置读书作业，让他们自己找感兴趣的、和历史有关的小说或人物传记等书籍来阅读，并且要求他们读后写出一定字数的读后感，开学后交给教师来检查修改。但坚决杜绝学生上网粘贴，要求必须是学生自己手写的文稿。学生因特殊原因不能完成作业的，只要解释清楚，教师也绝不惩罚，可以延长他们的上交时间。这样不但调动了学生读书的积极性，也减轻了学生的心理压力和课业负担。同时，我还在我校主持开办了州一中《百家讲坛》，从2007年9月到现在，已整整坚持了4年，共举办了56期。一些学生主讲的内容，就是我从给他们布置的假期读书笔记中选择，然后安排登上州一中《百家讲坛》，在全校范围内进行交流和分享的。此外，我校开设的研究性学习课程，也是历史教师积极参与，引导学生读书，培养他们自主探究的舞台。

再次，教师在课堂上预设的问题要有一定的思维含量，尽量避免提出些教材上能直接找到答案的问题，即使教材上有答案，也要让学生脱离教材，用自己的语言表达出来。这一点在初中显得更为重要。或许刚开始训练的时候，学生由于缺乏捕捉信息、提炼问题以及判断的能力，学生对问题的理解分析达不到教师的要求，甚至有时问题和答案"风马牛不相及"，但教师一定要坚持下去，千万不可轻言放弃。因为这种训练必须从小抓起，教师着手越早，对学生今后的学习、成长越有利。这是教师应尽的责任和承担的义务。在我的课堂上，当学生对教师提出的问题不知所措、无以应对时，我会给他们出示各类材料，比如视频、漫画、图表、文字材料等。这可以打开学生的思路，为他们解决问题提供一定的帮助。也可以让他们分组讨论，合作探究，利用集体的智慧来解决问题。

最后，教师还要动员鼓励学生自己通过读书发现问题、提出问题。有时教师预设的问题不符合学生学习的实际，所以通过他们自己提出问题，可以使教师准确把握学生对教材知识认知的程度，帮助他们解决问题。也许刚开始他们提出的问题很幼稚，但经过一段时间的训练，学生发现的问题可能教师事先根本就预想不到，或者在课堂上无法给学生准确解答。如果真能做到这样，那么教师所期盼的教学相长就会成为历史课堂教学的主旋律。

有质有感有形地铸牢中华民族共同体意识

——以中学《简明新疆地方史》教研教学为例

2014年，习近平总书记在中央民族工作会议上提出：要铸牢中华民族共同体的思想基础，积极培育中华民族共同体意识。2017年，"铸牢中华民族共同体意识"被写入十九大报告和党章。2022年，党的二十大报告进一步强调，"团结奋斗是中国人民创造历史伟业的必由之路"。由此可见，党和国家高度重视铸牢中华民族共同体意识。因为铸牢中华民族共同体意识不仅是保持国家和谐稳定的思想基础，也是促进民族团结的重要动力，更是实现中华民族伟大复兴不可或缺的政治前提。当前，全社会、各领域都在大力开展铸牢中华民族共同体意识教育。在实施青少年铸牢中华民族共同体意识思想政治教育方面，中学《简明新疆地方史》课程既有得天独厚的优势，也有义不容辞的责任。

在新时代新征程上，中学阶段的思想政治教育应当围绕落实立德树人根本任务，把铸牢中华民族共同体意识作为教育主线，从"有质的保障""有感的课程""有形的环境"三方面持续发力，充分发挥《简明新疆地方史》课程的思政教育和人文性功能，将这一课程与铸牢中华民族共同体意识教育进行有机融合，构建中学课程思政的教学模式，有质有感有形地在学生中培育中华民族共同体意识，使《简明新疆地方史》课程成为中学阶段落实青少年中华民族共同体意识教育的有效途径。

一、高度重视，科学规划，潜心教研——有质的保障

有质有感有形地在中学《简明新疆地方史》课程中培育学生的中华民族共同体意识，离不开学校的高度重视和科学教研的坚实保障，为此我们采取以下做法：

一是学校领导层面高度重视，多元联动，加强制度保障。通过学校领导层面的高度重视，建立管理和督查机制，进而提高教师和学生的重视度。我们学校实行"校级领导+中层领导听课督查"机制，在初高中各年级进行推门课督查，以此来加强对教师课堂教学严谨性的鞭策。通过学校安排的连续18课时的教学，加强学生对《简明新疆地方史》课程的重视度，提高学生对新疆地方史的了解，增强学生爱祖国爱家乡的情感，进而实现《简明新疆地方史》课程有机融入中华民族共同体意识教育的常态化、规范化。

二是教研组层面科学规划，专业培训，加强人才保障。根据上级部门要求及文件精神，结合学校实际，我校以教研组为单位，总体设计学校《简明新疆地方史》课程有机融入铸牢中华民族共同体意识教育的实施方案，明确教研组每位教师的职责、任务、分工，统筹安排、科学规划、专项推进。教研组开展基于现实需求的研讨式教研培训，将《简明新疆地方史》课程有机融入铸牢中华民族共同体意识教育，纳入历史教师的专业培训。培训形式以集中学习、分组学习与个人自学相三种结合，线上线下联动，注重教研组、备课组内交流合作，实现师资力量有保障。

三是备课组层面潜心教研，凝心聚力，加强质量保障。以备课组为单位进行集体备课，开展"一课一研""三备三写"活动。"一课一研"即每节课安排一个主备课人，主备课人围绕目标叙写、重难点知识的突破、本节课如何有机融入铸牢中华民族共同体意识教育等展开讲解，其他人交流研讨，提出建设性的建议，供主备课人修改完善。"三备三写"即集体备课前，个人预写教案；集体备课时，主备课人讲解，其他人交流研讨，个人改写教案；上完课后，进行反思调整，个人反思，写教案，最后形成教学案例。通过集体备课，为《简明新疆地方史》课程建设与铸牢中华民族共同体意识的有机整合提供质量保障。

二、课程思政，有机融合，铸魂育人——有感的课程

为了充分发挥《简明新疆地方史》课程人文性的功能，实现"知识传授"与"价值引领"的有机统一，为中学教育阶段有质有感有形地培育学生中华民族共同体意识的实现提供有感的课程，我们采取以下做法：

一是深挖细研《简明新疆地方史》教材、历史教材等优质思政教学资源，打造内含丰富、形式多样的学科课程思政体系，开展思政化探究式教学模式。在《简明新疆地方史》课程教学中，充分发挥历史学科优势，做到铸牢中华民族共同体意识教育的最大增量，制定符合历史学科特点的策略。基于铸牢中华民族共同体意识与这一课程的内在联系，结合《简明新疆地方史》课程的具体主题、单元、模块等，融入相应的中华民族共同体意识内容和载体形式。同时大力提倡德育渗透，要求教学设计增加"育德点"，紧扣铸牢中华民族共同体意识这条教育主线，围绕各民族共同团结奋斗、共同繁荣发展的主题，积极开展教师启发式讲授、学生互动式交流、师生探究式讨论的课程思政化教学模式的探索和实践，实现核心价值观引领课堂教学。

二是以唯物史观为指导，以历史解释为途径，以家国情怀为旨归，确保在《简明新疆地方史》课程中融入铸牢中华民族共同体意识时，做到兼顾科学性、专业性、目的性。坚持唯物史观的立场、观点和方法，在《简明新疆地方史》课程中发掘中华民族共同体意识形成的社会条件，使学生充分认识到新疆是伟大祖国不可分割的一部分，深入理解各民族的团结是在中华民族深厚的历史渊源和广泛的现实基础上形成的。带领学生在新疆历史发展的整体脉络中感悟铸牢中华民族共同体意识的重大意义和时代价值，在潜移默化中深化学生对中华民族的认同、对中华文化的认同，进而牢固树立中华民族休戚与共、荣辱与共、生死与共、命运与共的共同体理念。

三是建立各族学生协作共学、互助共事的学习模式。安排班级各族学生混合搭配，建立学习互助小组，通过搭建学习交流平台，探索分层次、分阶段的课程导学模式；开展以培育中华民族共同体意识为导向的多层次、多领域的研讨实践活动，通过正向引导和人文关怀，引导学生共同组织活动，共同参与实

践，共同完成项目，以共事促共识。增强各族学生团结合作、携手并进、相互信任的自信感、成就感、幸福感，形成自觉维护国家统一的信念、自觉维护民族团结的动力，积极构筑中华民族共有的精神家园。

三、多措并举，第二课堂，助力教学——有形的环境

为了创设铸牢中华民族共同体意识有形的育人环境，我们多措并举地开展历史学科特色活动，将理论教学第一课堂与社会实践第二课堂相结合，为铸牢中华民族共同体意识创设有形的环境。

一是开发具有德育元素的特色课程、特色活动，探索跨学科主题教学，力求在综合实践活动中强化学生的实践体验。为此学校深入开展校园百家讲坛、校本课程、流动博物馆、讲述身边的历史故事等活动，将铸牢中华民族共同体意识教育与各种学科特色课程、特色活动等有机融合，让学生在可听、可看、可触摸的中华民族共同体意识教育环境中接受熏陶。同时引导家庭将民族团结、爱国主义等家国情怀潜移默化地在学生的日常生活中加以渗透。通过学校、家庭、社会三位一体的结合教育，不断提升学生在学校和家庭、社会中的参与感和获得感，以此巩固中华民族共同体意识教育的效果。

二是挖掘乡土红色资源，开发身边的红色建筑遗产，带领学生参观红色教育基地、校史馆、博物馆、文博馆等，通过知行合一，将"读万卷书"与"行万里路"结合起来。充分利用乡土红色资源，发挥博物馆、红色教育基地等的社会教育作用，组织学生组建红色故事宣讲团、充当校史馆讲解员等，把历史思政小课堂与社会大课堂结合起来，为学生们提供感受历史文化和学习的机会，对他们进行爱学校、爱家乡、爱祖国教育，激发广大青少年的爱国热情，引导广大青少年听党话跟党走，为学生构筑起思想成长的"立交桥"。

三是在实践活动中有效融入中华民族共同体意识的教育内涵，注重发挥课外活动和社会实践的重要作用，开展综合研学实践、研究性学习、历史小课题研究等学科特色活动，指导学生进行多种形式的调查研究、参观学习，学会整理分析、撰写报告等。用生活中的例证、翔实的科学论据和丰富多彩的调研学习形式，引导学生确立正确看待问题的视角，帮助学生强化主流意识形态，在

思考和解决现实问题中能够形成正向认知，最终促进学生将所学所感所悟内化于心，进而实现知行合一。

有质有感有形地铸牢中华民族共同体意识，就是要通过各种切实有效的方法和途径，让中华民族共同体意识走到学生身边，走进学生心里。我们要充分发挥中学《简明新疆地方史》课程的学科思想政治教育功能，引导中学生承担起铸牢中华民族共同体意识的应有使命担当，让中华民族共同体意识根植于心、践之于行。

历史学科课程思政的探索与实践

在学校思想政治理论课教师座谈会上，习近平总书记提出要解决好培养什么人、怎样培养人、为谁培养人这个根本问题。他指出"在大中小学循序渐进、螺旋上升地开设思想政治理论课非常必要"，青少年阶段是人生的"拔节孕穗期"，最需要精心引导和栽培。总书记还提出"要坚持显性教育和隐性教育相统一，挖掘其他课程和教学方式中蕴含的思想政治教育资源，实现全员全程全方位育人"。因此，把思想政治教育融入中学历史课程的教学活动之中，充分发挥历史课程的思政教育功能，在"大思政"教育模式的构建下，全员、全程、全方位的思政教育必将成为教书育人的主旋律。

中学生是国家各项事业的接班人，是祖国未来各项建设的生力军，中学生的思想政治教育对他们的人格培养、身心健康发展、各项知识技能的形成等都起着非常重要的作用。在信息化时代，贪图享乐、自由主义泛滥、各种网络游戏等不良诱因会使自主学习能力不足、辨别是非能力差的中学生沉迷其中。这必定会影响他们的身心健康发展，成为整个社会的不稳定因素，因此针对中学生的特点加强思政教育工作具有很强的现实意义。在中学历史文化知识的学习中融入思想政治教育，是新时代倡导课程思政背景下开展学科思政渗透的有效途径。

作为一名从教多年的中学历史教师，深感责任重大，有必要把思想政治教育融入日常的历史教学活动中，进行课程思政的探索与实践，研究新形势下的教学理念和教学方法。

首先，结合时代发展的要求，历史学科课程思政的实施要达到如下基本要求。第一，增强课程思政意识。意识是行为的先导，只有想得到，才能做得到。理解课程思政的重要意义，增强课程思政的自觉性和使命感，教师要在历史教学中把对学生进行思想政治教育作为自己的责任和义务，谨记教书育人是教师的天职。第二，提高课程思政能力。思想政治教育有其理论知识，也有其规律方法和艺术。课程思政要求教师努力掌握思想政治理论知识及其教育的规律方法和艺术，提高自己与学生沟通、交流的能力，提高自己说服教育、情感陶冶等能力。第三，课程思政要有机、自然、贴切。课程思政是随课程教学进行的思想政治教育，而不是课程+思政的教学，即课程思政应有机、自然、贴切地实施。有机即课程教学内容是自身蕴含和发展的，而非外在添加、附庸的；自然即自如、水到渠成的，而非刻意、生硬的；贴切即与教学内容是黏合在一起、真切的，而非附加、假意的。第四，课程思政要适时、适度、适当。适时即随课程教学内容进行的同时、及时、实时的思想政治教育，而非教学内容学习完、教学活动结束后的教育；适度即与课程教学内容蕴含的思政教育因素适合的、恰切的教育，而非大而不当、不着边际的教育；适当即既适于教学内容，也适于教育对象，而非不看教学内容、不看教学对象的主观思政教育。

其次，"课程思政"毕竟不是"思政课程"，我们要想方设法将思政教育元素融入历史课程教学的各环节、各方面，潜移默化中既激发学生对课程内容的兴趣，又强化对思想政治教育内容的认知，实现对学生的价值引领。以"隐性"的方式与"显性"的思想政治理论课共同构建起全课程育人体系。以下是我在历史教学课程思政实践中的探索。

探索实践一：通过课前5分钟——学生讲红色故事，将党史资源融入历史课堂，进一步利用历史学科提升育人功能。

党史是中国共产党带领广大人民实现民族独立、繁荣昌盛、共同富强的证明，其中蕴含着中国共产党人光荣的革命传统和中华民族伟大的民族精神。用党史育人一直是我们的优良传统，党的奋斗历程、伟大成就、光荣传统、优良作风、实践创造和历史经验理应成为历史学科课程思政最具思想性的素材。以红色文化、红色党史学习为载体，通过讲述一系列英雄故事，让更多学生穿越时空触摸历史，更加真切地追寻党的百年光辉历程。通过每节课的课前5分钟来学习党史，传承红色精神。

在课前5分钟讲红色故事活动中，涌现出一批较好的学生作品——《军垦博物馆》《弘扬井冈山精神》《雷锋精神》《周恩来》《遵义会议精神》《西柏坡精神》《红军长征》《新时代精神文明建设》《王近山将军》《陈独秀》《共产党》《古田会议》等。

通过对老一辈无产阶级革命家的故事以及红色精神的讲授，以细节讲人物、以人物讲党史，使学生从党史中汲取初心力量。"学党史、铭初心"，要踏着前辈的足迹前进。"知所从来，方明所去"，伟大蓝图业已绘就，精神血脉仍需赓续，蓝图所指，正是当代青年之所在。历史画卷里的思政课有利于广大青年学生将小我融入历史的坐标当中，与时代同步，与祖国同在，与人民同行，在精神世界里找到自己的坚守，发扬红色传统，传承红色基因，赓续共产党人的精神血脉，永远"感党恩、听党话、跟党走"，为实现中华民族伟大复兴贡献青春力量。

探索实践二："流动博物馆"进校园——走出教室的历史课，使文物"活"起来，让文物走进校园，充分发挥博物馆的社会教育作用，为学生们提供感受历史文化和学习的机会。

"流动博物馆"走进我们学校，在校园中心文化广场展出了92块制作精美的历史展板，以"奋斗百年路，启航新征程"为主题展示了中国共产党的百年发展历程。从1921年到2021年，中国共产党走过了整整一百年的历程，这是用鲜血、汗水、泪水、勇气、智慧、力量写就的百年；争取民族独立、人民解放和实现国家富强、人民幸福，是中国共产党百年历史的主题和主线；逐步实现救国、兴国、富国、强国的奋斗目标，是中国共产党百年历史的庄严使命。同时展出的还有以"建设美丽新疆，共圆祖国梦想"为主题的——新疆"四史"流动博物馆展览。此次展览以图文并茂的形式，汇集了新疆各地出土的各类精品文物图片，系统生动地展现了新疆作为丝绸之路要冲和人类古代四大文明交汇之地、多民族聚居、多种宗教并存、文化一体多元的悠久历史，为我校师生呈献了一堂生动的新疆"四史"知识教育课。

历史教师趁此机遇带着学生走出教室，走进"流动博物馆"，切身回顾党在一百年里的艰难历程，学习中共百年党史以及新疆地方史。学生在历史教师的带领下有秩序观展，对展板内容兴趣浓厚，被新疆悠久的历史深深吸引。展览以历史记载与现存文物相互印证的形式，雄辩地证实了新疆自古以来就是伟大祖国不可分割的一部分，实现中华民族伟大复兴的中国梦是各族人民的共同利益。学生自告奋勇地当起了小小解说员，为其他同学讲述了他们熟知的党史，同时也提高了他们学习历史的兴趣，真正做到了学以致用。学生参观后，认真写下了自己的真情实感。红船精神、井冈山精神、延安精神、长征精神、抗战精神、铁人精神、抗美援朝精神、"两弹一星"精神等红色精神，无不体现出中国共产党靠着坚定的信念一路向前的拼搏精神、爱国主义精神，也让学生更加珍惜现在来之不易的幸福生活。他们观展后纷纷表示："流动博物馆"校园行活动是一次别开生面的历史课，不仅让大家在学校就能欣赏馆藏文物，感受悠久历史文化，而且还是一次生动的爱国主义和民族团结教育。新疆历史文化的岁月年轮清晰地铭刻和昭示了新疆各族人民同全国人民一道共同创造了悠久的中国历史和灿烂的中华文化。我们要自觉维护民族团结，维护社会稳定，为新疆民族团结大好局面添砖加瓦，一起把家乡建设得更加美好。

一张张照片、一块块展板，向我们生动展现了中国共产党的百年发展历程和新疆的历史。车轮滚滚向前，在几千年的历史发展中，中华民族创造了悠久灿烂的中华文明。1921年，中国共产党一经成立，就义无反顾地肩负起实现中华民族伟大复兴的历史使命，并进行了艰苦卓绝的斗争。"一唱雄鸡天下白，万方乐奏有于阗。"回望历史，新疆在祖国的怀抱中奋进成长；展望未来，新疆儿女与中华儿女一道，建设美丽新疆，共圆祖国梦想。"学史明理，学史增信，学史崇德，学史力行"，这堂走出教室的历史课让学生更能秉持初心，砥砺前行，也会让他们更加热爱自己生活的家乡。不忘初心，牢记使命，永远奋斗。中国共产党一定会在执政百年即中华人民共和国成立一百年时，谱写出新的篇章，创造出新的更大辉煌。历史在人民的探索和奋斗中造就了中国共产党，中国共产党团结和带领人民创造了历史的辉煌。

探索实践三：挖掘乡土红色资源——开发身边的红色建筑遗产，如校史馆、文博馆、八路军驻新疆办事处、库尔班吐鲁木纪念馆、克拉玛依油田、可可托海矿坑等，充分利用乡土红色资源进行爱校、爱家乡、爱国教育，引导青少年听党话跟党走，激发广大青少年的爱国热情。

"红色建筑遗产"指重要红色历史文化遗产建筑。在新疆也有诸多红色历史文化遗产建筑，如八路军驻新疆办事处、库尔班吐鲁木纪念馆、克拉玛依油田、可可托海矿坑等。通过对这些建筑背后的重要历史事件、重要人物、关键事件点的梳理，教师带领学生回顾中国共产党不同发展阶段的生动故事，将红色教育融入历史建筑这一载体，用现存的生动红色建筑故事夯实学生对于红色历史的认知。在对红色历史遗产保护的讲解中，历史教师从改革创新的角度，详细介绍了随着时代发展，在红色历史遗产建筑身上发生的变迁和革新。通过对历史文化遗产保护历史研究、现场踏勘、调查核实、走访考证过程中的大量文献资料、工作方法和研究历程的深入讲解，使学生认识和理解党发展过程中实事求是、坚持创新的重要思想基础。同时，也以现场参观、实地考察为特别教学方式，带领学生亲临红色历史建筑现场，以遗物、遗址等革命历史遗存与纪念场所等红色资源为载体，挖掘其育人价值，建立实践教学基地，从而让学生可以走进融知识、文化与教育于一体的红色第二课堂，现场追溯历史，反思现实，补充红色营养。

当今中学生已是"00后"甚至"05后"，他们认知中国革命的历史和革命先辈们的方式发生了变化。在教学过程中，历史教师在把握时代特点的同时，应严格遵循受教育者的心理规律，提供与时俱进的教育内容、方法、途径、情境和载体，拓展育人之道。通过图解、视频、音乐影像、实物实景等新型教学媒介，积极调动学生的情绪情感，把"看、听、思、悟、行"融为一体，引导学生去感受，去思考，通过身临其境的参观和体验，才会真正理解社会主义是干出来的，新时代是奋斗出来的，幸福生活是努力出来的。

对于历史学科课程思政的探索性实践，教师需要在日常教学中不断加强和完善。所有的课程都要各司其职，充分发挥学科思想政治教育功能，与思想政治理论课同向同行，协同构建中学思想政治教育立体模式，使中学生思想政治教育与时俱进。

第四章

教师成长

狠抓教育教研工作，加快教师专业发展

随着新一轮课程改革的普遍推广，提高学生综合素质和人文素养不但成为新课改的核心理念，也是社会发展的必然要求。这就决定了教师只有不断提升自身专业知识和人文素养，才能适应课程改革和社会发展的需要。作为学校教育教研的基层单位，教研组应该如何在提升教师人文素养，加快专业发展方面发挥作用呢？

一、关注教材，提升教师对教材的理解运用能力

教学改革无论发生怎样的变化，教材仍是学生获取知识最主要的途径。因此，在日常教研活动中，一定要关注教材，提升教师对教材的理解运用能力，才能在课堂教学中更好地指导学生通过自主学习、合作探究等方式获取知识，提高能力。为了实现这一目标，我校历史教研组主要做了如下工作：

充分发挥备课组的集体优势，引领教师读懂教材、挖掘教材、用活教材。比如，在刚使用新版教材时，由于备课组年轻教师多，对新教材的内容取舍、相关规定解读、课时安排等有一个探索的过程。所以我们发挥备课组的集体优势，让教师畅所欲言，集思广益，并结合教师上课后的教学心得，经过反思沉淀，写成《高中历史新教材的重新整合与使用》，印发给各位教师。后来在自治区教委组织的"送教下基层"与外地教师进行"同课异构"活动中，我按照备课组的说课思路进行的即兴课堂设计，深受当地师生好评。

为了指导文科生参加高考，减轻学生在选修教材学习上的困难和负担，在教师们的共同努力下，编写出了《历史上重大改革回眸》《近代民主政治思想

与实践》的教材知识体系手册，下发给学生，帮助学生总结知识体系，归纳历史规律，对提高课堂教学效果起到了积极作用。教研组打算在征求意见的基础上，对手册进行修改完善，并充分利用、汲取岳麓版、人教版等其他版本教材的精华，力求准确把握高考脉搏，引领学生适应高考难度的变化。

二、关注课堂，提升教师对教学的组织驾驭能力

如果说教材是学生获取知识最主要的途径，那么课堂就是学生获取知识最重要的舞台。因此，在日常教研活动中，一定要关注课堂，提升教师对教学的组织驾驭能力。目前我校大力推行的"目标叙写和课堂观察"活动，抓住了教学改革的重点和根本。在这项活动开展过程中，历史教研组对课堂教学主要强调了如下观念：

首先，要转变评价主体，注重提高课堂教学的有效性。以往课堂教学评价的主体是教师，判断一节课的教学效果主要是看教师讲得怎么样。现在把评价主体定位为学生，主要看学生的参与度、主动性、互动性和教学目标的达成度。这些指标才是评价课堂教学有效性的主要依据。

其次，要树立服务意识，帮助学生解决学习中的困难。在现在强调学生自主学习、合作探究的教学模式下，由于生活阅历、知识储备等因素的限制，学生在学习过程中肯定会遇到很多困难。因此，在集体备课时，要预设学生会遇到的困难、问题，把解决这些困难、问题当作备课重点。同时还要收集、整理学生在课堂上遇到的实际困难和问题，特别是那些教师预设不到的问题，把解决这些问题作为教研活动的主要内容。

比如，在学习过程中，学生普遍反映《解放战争》一课知识点特别多，非常零散。教研组就把这个问题的解决当作一次教研活动的主题，通过对相关规定和教材内容的解读分析，抓住教材中的"本课测评"来构建知识体系：抗战胜利后，中共为赢得新民主主义革命的胜利做了哪些政治、经济、军事上的努力？这样教师就可以在课堂上引导学生把重庆谈判和《双十协定》的签订、政协会议和政协协议的签订、七届二中全会和"两个务必"的提出、北平谈判这些政治上的努力，军事上粉碎国民党军队的全面进攻、重点进攻、进行战略反

攻、开展战略决战、渡江战役、攻占南京等，经济上开展土地改革等内容串联起来。然后再引导学生分析革命胜利的意义及取得胜利的原因，这样不但帮助他们解决了学习上的困难，也使学生对教材内容的认识更加深入。

三、关注试题，提高教师对问题的分析解决能力

教学和其他工作相比，最大区别就是教师专业水平的高低最终要通过学生的考试成绩来检验。因此，为了提高学生成绩，一定要关注试题，提高教师对问题的分析解决能力。和学生相比，教师有更充足的时间、更翔实的资料、更丰富的命题备考经验。所以教师通过认真选题、大量做题，不断积累典型试题、学生易错题、考试易出题，并且有意识地进行筛选整理，把题目带入教学设计或模拟训练中，就能提高效率，减轻学生负担，为学生节省出更多的自由学习时间，从而提高学生成绩，加快教师专业水平的发展。

为了准确把握考试脉搏和动向，教师选择试题时，不但要选择与教材配套资料上的习题，挑出有价值的题目布置作业或课堂练习，还要从其他资料中选择典型试题以备教学使用。特别是毕业班教师，更要认真做近几年的中、高考试题。这些试题应该是教师把握教学方向和指导备考复习最有价值和分量的试题。

每年中高考结束后，历史教研组都要从网上搜集各地试题，组织教师做题、讲题，撰写试题评析。然后在相应年级按教学进度进行有机渗透，让学生通过这些试题来体会中高考的难度系数和能力要求，检验自己学习中的不足。每次期中、期末考试后，教研组还利用教研活动评析试卷难易度、容量长度，力求发现问题，为下次命题和组织教学提供依据。教研组也经常把高三模拟卷提供给年轻教师去做，因为大量做题、熟记经典试题是提高年轻教师专业水平的有效途径。

四、关注课外，提高教师自身的综合素养和能力

现在使用的教材不但增加了许多新知识，还有一些新观点，甚至有的观点与旧教材的观点大相径庭。特别是高考试题中出现了很多教材以外的考点，如

"阴阳"方位、姓氏来源、皇帝称谓、元旦来历、天干地支等。这些知识单靠教师引导学生学习教材是不够的，所以教师一定要关注课外，提高自身的综合素养和能力。

为此，在日常教研活动中，历史教研组安排了一些文史知识讲座，如"中国姓氏的起源""中国传统节日的由来""中国古今地名对照""和数字有关的历史称谓""天干地支与十二生肖"等。这些讲座已成为历史教研组的品牌特色，我们还要坚持办下去。但以后要加强计划性、预见性，不能只是在高考后再去给教师和学生弥补知识。这就要求教师必须抽出更多的时间去读书学习，拓宽知识视野，净化心灵，陶冶情操，努力提高自身的人文素养和专业素质。这是时代的需要，也是教师应该承担的社会职责，更是加快教师专业水平发展的关键所在。

中学教研活动为什么开展起来这么难？

开学初，我校教研中心设计了调查问卷，发放给教研组长及部分教师。其中的问题有：作为组长，你认为在组织教研活动过程中，工作困难有哪些？根据你的了解和观察，你认为阻碍教师教研工作积极性的因素有哪些？你认为作为教研工作的管理和指导部门，教研中心应该为活动的顺利开展，提高教师的专业水平做好哪些工作？通过对问卷的整理、分析，教研中心发现，教师不愿参加教研活动的主要原因有以下几个方面：

一、从教研活动的组织情况看

首先，教研活动无主题，内容随意、零散。作为活动的组织者，教研组长应该在活动前，针对教师教学中的问题或教学内容的重难点，确定一个明确的、有探究价值的主题，然后围绕主题设计活动方案，安排活动内容，这样才能保证教研活动的效果和质量。但有些教研活动由于事先没有明确的主题，内容随意、零散，不能引导教师针对问题展开讨论，致使活动效率低下，教师积极性受挫。

其次，教研活动有主题，但不切教师实际。作为活动的组织者，教研组长应该用心去了解教师在教学实践中遇到了哪些问题和困惑，而解决这些问题和困惑，就该成为教研活动的主题。但有些教研活动虽有主题，却过于笼统，缺乏针对性，不能为教师解决这些问题和困惑提供具体的、切实可行的方法和策略，从而使活动缺乏实效性。久而久之，教师对这样的活动自然不够热衷。

再次，教研活动质量不高，组织不够规范。作为活动的组织者，教研组长有时虽然用心选择了明确的活动主题，也试图提出切实可行的解决问题的方法和策略，但还是不能使教师从这样的活动中受益，关键原因就在于组织者在有限的时间内，没有将最有价值的信息与最根本、最具冲击力的教学理念通过教师喜闻乐见的方式呈现出来，从而造成活动时间过长，教师疲惫不堪。

二、从教研活动的管理情况看

在布置工作任务方面，学校教研中心、教务处等部门缺乏协调，经常多管齐下，给教研组布置过多的工作任务，让人应接不暇。而且任务名目花样不断、新东西太多，如教师们还没弄清"诱思探究教学法"到底是怎么回事，该如何操作，紧接着又是"洋思中学模式""杜郎口中学模式"；"导学案"还没弄明白，就已经轰轰烈烈地开展"目标叙写和课堂观察活动"。而学校在对教师的业务水平评价方面的指挥棒仍然以中高考成绩为主，这就容易造成教师疲于应付，心理压力和工作负担过重。

在安排教研内容方面，每学期开学初都是先有学校工作计划，又有教研中心和教务处工作计划，而教研组工作计划的制订又必须以这些领导部门的工作计划为依据。从而使各组教研活动内容被管得过死，缺乏自由选择的空间，不能在研讨内容上突出学科特点。

在教研成果展示方面，有时教研组开展的活动并不能取得立竿见影的效果；有时经过教研组的努力，取得一定的成果，某些教师脱颖而出，成为专家、引领者了，但学校没有相应的奖励机制，不能在职称评定、荣誉称号的评选等方面得到应有的体现，就像"唐僧取到了真经，却不能修成正果"。而且学校对教研组承担的课题，在结题验收时规定的门槛过高，要求上交的各类资料、表格太多，也在一定程度上影响了教师从事教研活动的积极性。

此外，各组在开展教研活动过程中，很想与其他兄弟学校加强学习交流，但自身力量不够，导致"闭门造车"现象严重。即使想扩大教研活动的范围，又缺乏资金方面的支持和保证。而且教研组长的待遇不高，不能充分调动大家工作的积极性。

三、从教研活动的参与情况看

对于那些有丰富教学、教研工作经验的老教师来说，他们本该成为学校教研活动的主力，充分发挥其对青年教师的"传、帮、带"作用。但不少老教师由于各种原因产生了较重的职业倦怠，感觉他们对好多事情都"看开了，想明白了"，觉得教研活动与自己的职称评定、荣誉评比等关系不大，从而缺乏自动自发、积极进取的精神。

对于那些刚毕业的年轻教师来说，他们最需要通过教研活动来提升自己的专业水平，丰富教学经验。但在日常活动中，他们总感觉自己的资历尚浅，专业水平和教学经验不足。因此，他们更多的是充当"倾听者"的角色，很少发表个人的意见和建议。只有当教研组选派他们参加青年教师基本功大赛或涉及职称评定等重大事情时，才会激发他们认真对待教学教研，用心琢磨教法学法，主动撰写教学论文、学习先进教学理念的积极性。

对于语文、数学、外语等主要学科的教师来说，他们中的大多数担任着班主任或学校各个部门的管理工作。他们不但教学任务繁重，课时量大，而且那些烦琐的管理性事务工作也让他们应接不暇，疲于应付，很难有充沛的精力、体力和充足的时间来保证教研活动的有效开展。而那些担任政治、地理、历史、音乐、美术、体育等学科的教师，不但所带班级和学生数量多，而且排课时间太过集中，大多是在上午的第四、五节和下午的第一、二节。这样就使大家彼此之间的听课学习没有时间上的保证。

根据我们的调查和了解，大多数教师认为，教师的主要工作应该放在教学上，只要教师的教学成绩得到学生、家长的认可，就是一名优秀的教师，没有必要在教研上花费太多的精力和时间。而且教研工作的好坏与评优评先、晋升职称、绩效认定的关系不大，故而他们缺乏参与教研活动的积极性和主动性。

还有的教师认为自己的知识底蕴不够深厚，无法研究出高水平的教学成果、写出高质量的教学论文，所以他们把写论文、承担课题研究当作是自己无法承受的负担。再加上时不时的周末加班，回家还有一大堆家务，劳累了一天，谁还能静下心来去写论文、搞教研呢？

为了课堂四十分钟的精彩

现在新一轮的课程改革正在如火如荼地进行，各种教育理念和教学方法接踵而至。其实，无论哪种教育理念和教学方法的倡导与实施，最终还是要落实在课堂教学上，看教师通过组织课堂教学能否充分调动学生学习的积极性，提高教学效率，达到培养学生分析、解决问题的能力和创新思维能力的目的。那么，作为一名教师，需要做好哪些方面的准备和积累，才能适应现代教育发展的需要，充分展示自己的才华，实现课堂四十分钟的精彩呢？

第一，要想实现课堂四十分钟的精彩，首先要有正确的态度，全身心地热爱自己的本职工作。

这听起来是一句大话，但这种信念能否树立起来，可以左右教师的工作态度，影响师生间的沟通，进而影响课堂教学效果的提升。一名真正热爱本职工作的教师，必然会全身心地热爱他的学生和所教学科，热爱实现他人生理想的三尺讲台。他会把这小小的三尺讲台，当作展现自身魅力、实现自我价值的舞台。一旦有了这种态度，在他走进教室，登上讲台的一刹那，就会抛下所有的烦恼与不快，用自己的心去和每一位学生进行心灵上的沟通，用自己灿烂的笑容去感染下面那几十双渴求知识的眼睛。他会在不经意间营造出一种宽松、和谐、民主、快乐的课堂氛围，从而为完成教学目标，提高学生的学习兴趣，打下坚实的基础。人们常说，态度决定行动，行动决定效果。如果每位教师都有这种正确的工作态度，还愁无法提高课堂教学效率和学生学习能力吗？

第二，要想实现课堂四十分钟的精彩，还要善于揣摩学生心理，正确处理师生关系。

作为一名教师，从事教学活动的主要阵地就是课堂，而在课堂教学中需要解决的最核心的问题，就是处理好师生关系。要想处理好师生关系，关键就是教师要善于揣摩学生心理，多从学生角度思考问题。

其实，每个教师都是从学生时代结束后开始教学生涯的。从幼儿开始，用了至少16年的时间当学生，甚至在走上工作岗位后，还要在"帮带工程"下再当两年的学生。回头想一想，教师在当学生的时候，是不是也经常和同学们一起谈论自己的老师：有的教师上课光知道念教材，是不是除了念书他什么也不会呀！有的教师只知道讲一些与教学无关的废话来拖延时间，是不是他没有备课来糊弄我们啊！有的教师讲题啰唆半天也说不清楚，是不是他自己也不会呀！有的教师光知道留大量的作业压我们，交了又不好好改，这种教师算认真负责吗！有的教师只有在有人听课时才用心给我们上课，你看他平时上课的样子，是不是在应付我们呀！这些话语在我们当学生时，应该经常说到或听到。但当我们自己走上工作岗位，完成从学生到教师的角色转换的时候，是否忘记了学生时代的我们对教师的怨言，而重复以前有些教师犯过的错误，从而使自己无形之中沦为被学生非议的对象呢？

作为一名中学历史教师，我对此深有感悟。在学生时代，我听到学生对历史教师最多的评价就是：历史课最好教了，只要你拿着教材进教室读就行了。读完后让学生在你认为重要的地方勾画下来，然后强迫他们死记硬背，再加上考前突击复习，就能让学生考出一个好成绩。这种看法多了，就会造成学生对历史课不重视，上课提不起兴趣，课下不花时间预习或复习。甚至有的学校的领导和教师对历史课也不重视，认为历史课是副科，根本无法和语文、数学、外语大三门，甚至物理、化学相提并论。这种现象的蔓延，必然影响到历史教学质量和教师素质的提高。

因此，从成为历史教师的第一天起，我就给自己定下了一些目标。比如，学生不是说历史教师只知道读教材吗？从第一节课开始，我就不带教材进教室，而且有时对教材中的重点知识，故意背得一字不差。为此，学生非常佩服我的记忆力，总爱问我怎么能对教材记得这么清楚。我就告诉他们，我读书从来不死记硬背，而是先归纳出教材知识的条理，再把条理进行扩展充实。这样就经历了把教材由厚变薄，再由薄变厚的过程。当你完成这个过程后，再看教材内容，就可以达到不背而记下来的效果了。这其实是我在教给学生读书的方法。

第三，要想实现课堂四十分钟的精彩，还要在教材处理上体现出学科特点和自身特色。

要做到这一点，教师首先要熟悉教材，对教材结构有一个整体把握，把教材中的重点、难点知识熟记在心，并且力求把教材知识表述中简单的知识复杂化（即把教材讲到却挖掘不透、不深、不够具体但又属于学生应该掌握的知识向纵深方向扩展，挖掘出其中的隐性知识），还要把教材知识表达中复杂的知识简单化（即教材已经讲到，而且讲得挺深挺细，但学生学起来有困难的知识，教师要用简单的方法、灵活的技巧勾勒出来）。

特别是对毕业班的教师来说，平时一定要多做题，多积累中高考的典型试题，把这些典型试题穿插到日常的课堂教学中，并且能够从题目设计的角度、考查学生的能力要求、试题和教材之间的联系等方面去体会试题、感悟教材，力求把握中高考与课堂教学之间的脉搏。这样做不但能提高教师对教材理解、把握的高度和准度，而且能提高学生学习的兴趣和效率，减少教师教学中的无用功和学生的课业负担。

第四，要想实现课堂四十分钟的精彩，还要在教学方法上勇于探索和创新，不能人云亦云，跟在别人后面随波逐流。

随着人们教育理念的变化和对教学方法的探索，各种教学方法不断涌现，比如，自主合作式、诱思探究式、课堂讨论式、问题教学式等方法。对此教师应该广泛学习，敢于借鉴和吸收这些先进的教学理念和方法，但绝不能照搬照抄，而是要结合自己和学生的实际，选择一种适合学生学习的合理、有效的教学方法。其实，不论采用什么样的教学方法，其核心和关键仍然是要千方百计地提高学生学习的兴趣和积极性。

人们常说，教无定法。只要教师采取的教学方法能够调动学生兴趣，培养学生能力，让学生能够从教师使用的教学方法中感悟到教师归纳、整理教材的思路，分析、理解问题的方法，从而使学生能够把握学习规律，提高学习效

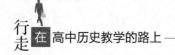

率，就是好的、正确的方法。

每位教师都有自己课堂教学的个人魅力，而每位教师的个人魅力都应该是其鲜明个性和教学理念在课堂上的自然流露。我天性活泼开朗，因此我的课堂给人随意潇洒的感觉；我真诚地信奉民主理念，因此我追求课堂上那种和谐、平等、自由的氛围。我希望每一位教师都能够在课堂上以思想点燃思想，以自由呼唤自由，以平等造就平等，以宽容培养宽容，把课堂教学当作一门艺术用心去揣摩，尽自己最大的努力去实现课堂四十分钟的精彩。

努力办好"百家讲坛"，精心打造展现学生精彩的舞台

从2007年9月—2011年5月，新疆昌吉回族自治州第一中学"百家讲坛"在学校领导的支持和相关部门的配合下，已举办了51期讲座，听讲人数有万人次之多。其中学生主讲的有26期，他们来自高中三个年级，有文科生，也有理科生；有汉族学生，也有少数民族学生；有实验班的，也有平行班的。从数量上看，学生主讲的次数超过了教师，可以说学生已成为"百家讲坛"的主力军，而这正是举办"百家讲坛"所追求的目标。当初开办讲坛的宗旨就是开拓学生的视野，陶冶学生的情操，让"百家讲坛"成为展现学生精彩的舞台。现在看来我们所追求的目标已初见成效。下面就把我校举办"百家讲坛"的具体工作总结如下：

一、开办"百家讲坛"的最初构想

我校现共有70个班级，四千多名学生。学生每天下午两节课后有1个小时的课外活动时间，为了放松、调节学生的学习节奏，学校把篮球场、图书室等场所全部开放。但由于场地和器材的制约，学生兴趣的差异，特别是冬天气候的影响，学生的室外活动受到一定的限制。校领导从分流学生的角度考虑，打算举办室内专题讲座。

同时，学校发现有的学生利用课外活动时间到网吧上网。为了杜绝这种现象，班主任曾采取"堵截"的办法，但不能从根本上解决问题。历史教研组

就想到采取"疏导"的方式，希望学校在这段时间组织教师讲历史故事、国内外新闻热点等活动，安排上网的学生去听，以转移他们的兴趣。这和校领导分流学生的想法不谋而合。经校领导研究，决定从2007年9月开始开办"百家讲坛"。它的宗旨是"弘扬先进文化，普及科学知识，丰富学生生活"。定位于"贴近学生，贴近生活，雅俗共赏，品味人生"。我们希望通过讲坛的开办，一方面让学生获得知识，陶冶情操，享受生活；另一方面使学生能够认识自己，提升自我，树立信心。

二、举办"百家讲坛"的具体做法

1. 领导重视，责任到人

为了办好州一中"百家讲坛"，学校专门成立了由校长牵头的工作指导委员会，成员包括相关处室的负责人。同时成立了"百家讲坛"工作小组，由专人负责稿件的组织和审定、海报的设计和宣传、讲座时间场地的协调和安排、多媒体的技术指导和保障、学生的组织和管理、资料的收集和整理等工作。力求做到职责明确，落到实处。

2. 全校倡议，人人参与

为了调动广大师生参与的积极性，我们首先在全校范围内印发"百家讲坛"倡议书，对大家提出如下倡议：

第一，希望全体师生和家长以极大的热情参与到活动当中，献计献策。如果有什么好的建议、选题，或者希望请哪位教师开设哪个方面的讲座都可以直接和我们联系。

第二，无论哪位教师，只要有好的课题，如介绍某学科研究的前沿领域、最新成果，或科学的学习方法、心理健康教育、重大赛事欣赏、文学艺术鉴赏、一本好书的推荐等，都可形成文字，报送相关部门审核，安排讲座时间。无论哪位同学，如果感觉你的成长经历、学习态度、习惯方法等对同龄人有深刻启迪和借鉴，还是哪位家长在教育子女方面有心得和感悟，都是很受欢迎的讲座内容，我们愿意为你提供和大家交流的平台。

同时，我们利用校园广播和班会等形式进行宣传，让大家明确这项活动的宗旨和要求，积极为活动献计献策。

3. 认真组织，提前安排

在每学期开学初，学校组织相关人员开会，商讨本学期的计划，大体选定讲座内容，然后找相关教师承担。更动员教师、特别是学生自报课题和工作小组协商安排。承担讲座的教师和学生要提前两周上报文稿，与我们商定字数、内容重点，修订后根据内容制作课件，选用图片，以求做到图文并茂，增加讲座的趣味性。开讲前一周由我们联系安排讲座的具体时间、地点，制作海报宣传等。这些琐碎但细致的工作保证了讲座的顺利开展。

三、"百家讲坛"吸引学生的"妙招"

1. 贴近学生，贴近生活

要想吸引更多的学生自愿参加到活动中来，除了必要的宣传外，更重要的是讲座的内容一定要贴近学生、贴近生活。如针对学生中出现的厌学、逃课、早恋等现象（虽然这些现象出现的原因很多，但最重要的原因就是他们缺乏远大的目标，学习动力不足），学校就请从北大进修回来的迟习军老师做了"激发学习动力，树立远大目标"的讲座。他结合自己进修期间的所闻所见和亲身感受，和同学们谈了北大学生勤奋刻苦的学习态度，报效祖国、实现自身理想和人生价值的远大目标。北大学生的这种精神深深感染了同学们，一时间在州一中掀起了一股"北大热"。

对刚升入高中阶段的学生来说，他们在学习方法上存在很多问题，特别是数学上的困惑最大。有的学生上课听不懂，作业不会做，或本来半小时完成的作业，他们可能要用一两个小时来做。因为数学跟不上而对学习失去信心，结果理化学科的成绩也受到影响，造成厌学现象严重。针对这一现象，漆明义老师做了"增强数学意识——与高中生谈数学学习的方法与技巧"讲座，到场的许多学生豁然开朗，重新找回了自信。

此外，针对高一学生在升高二时所面临的文理选科问题，迟习军老师做了"高中文科生应具备的心理和人文素质"讲座；针对高三文科生对文综考试的不适应，他主讲了"高考文综试题的答题技巧与方法"，给学生及时的指导和帮助。校医毕慎华大夫结合自己的专业知识做了"开启青春之门——关于女生青春期卫生知识"的讲座，从医学角度告诉正值青春期的女生应该如何做好卫生保健。由于这些讲座结合学生的实际，能够帮助大家解决学习、生活中的问题，因此受到学生的一致好评。

2. 紧追热点，注重时效

为了更好地调动大家参与讲座的积极性，我们在选题的安排上认真考虑了内容的时效性。如在2008年5月12日汶川大地震发生后，我们在18日就安排了心理健康老师杨苗举办了"面对汶川大地震，我有话要说"的讲座。6月份杨老师参加了共青团中央组织的青少年心理辅导志愿团，到灾区进行心理辅导。在获得更多感性认识和理性思考的基础上，杨老师写出了《生命的责任——赴灾区归来话感受》和《灾区日记》。她把自己在灾区的所见所闻认真记录下来，还拍摄了大量图片资料，这些都是对同学们进行情感教育的好素材，因此我们在新学期的第一期"百家讲坛"，就安排了杨老师的讲座。她用自己的真情实感与学生讨论了生命的责任和当代青年应承担的社会责任等问题，使广大师生受到了一次深刻的教育。

为了庆祝我国"嫦娥一号"探月工程的成功，陈红老师做了"嫦娥奔月与探月工程"的讲座，从美丽的神话传说入手自然过渡到物理学相关探月工程涉及的基础知识，极大地激发了学生学科学的兴趣。

3. 增强趣味，关注实效

为了保持"百家讲坛"的生命力，我们在选题上一直强调内容的趣味性，原则上拒绝空洞的说教、纯理论性或教材上的东西上讲坛。对报上来的所有讲座内容，我们都注重故事性和趣味性，这就为讲座受到同学欢迎奠定了基础。同时，在学期结束后，我们还就本学期的讲座情况征询学生意见，对反映上来的意见和问题进行认真反思。

在征询意见的基础上，迟习军老师开办了"中外历史人物传奇"系列讲座，已讲过的有"陈平六出奇计定天下""有关燕王扫北的精彩传奇""段祺瑞的另类人生"等；龚蔚兰老师以自己的个人经历和毕业学生成长的事迹为学生主讲了"阳光心态，健康人生"。这些讲座都受到了学生的热烈欢迎。

4.体现人文，理解学生

经过教师的示范、引导，学生参与主讲"百家讲坛"的积极性被调动起来了。但在时间的安排上，我们尽力做到以人为本，充分考虑学生的实际，以不影响他们的学习为前提。如报名主讲的学生大多是高三年级的，他们面临着高考任务，为了尽可能减少承担讲座任务对学习的影响，我们尽量把他们的时间安排在第一学期或在当月月考结束后的某个时间，而把教师的讲座向后推延。每年11月底，高二年级要参加昌吉州多学科竞赛，高二学生和教师的讲座也都安排在竞赛结束后。在其他教师或学生因为工作、学习等原因造成"百家讲坛"在时间安排上出现空档时，由迟习军老师作为"自由人"填补空白。为此他提前做好了充分准备，随时可以上台讲座，以保证"百家讲坛"的顺利进行。

四、学生参加"百家讲坛"的盛况

经过我们的精心准备和不断动员，在2008年4月有了第一位登台主讲的州一中学生，她就是当年高三文科班的孙同学，讲座的题目是"红楼里的草根们"。她为自己的讲座设计的宣传词是：

你想知道《红楼梦》里曲折跌宕的故事情节吗？你想知道大观园里错综复杂的人际关系吗？请来听本期《百家讲坛》。通过小人物的视野，感悟大红楼的魅力。

刘姥姥："谁说我是母蝗虫？"

晴雯："泥里有朵凋零的花。"

袭人："好一头温柔的美人驴。"

她的讲座获得了意想不到的成功，让我们看到了学生身上蕴含着的知识和能量。俗话说，万事开头难。有了学生的第一次成功，就为其他学生树立了榜样。紧接着，"戏说唐玄宗""狙击手""中国汉字的发展演变""猎杀海德里希""新疆风俗文化和旅游资源""冤死的晁错""金戈铁马的春秋五霸""话说总统哲学"等几十位学生的作品先后登台亮相。他们用翔实的资料、风趣的语言、幽默的故事、精美的图片为大家展示出了一幅幅精美的画卷。他们的精彩表现让我们真切感受到州一中"百家讲坛"的生命力在学生身上，他们才是州一中"百家讲坛"不竭的动力源泉。他们的成功讲座充分展示了州一中学生的水平和我校推行素质教育的成果。已毕业的他们当中，有人分别考入了中国科技大学、对外经贸大学、中国政法大学、山东大学、天津商业大学等。现在就连初一年级的学生也积极参加到讲座队伍中来，本学期的讲座安排基本由学生承担。每次听讲座的学生数量也大幅度增加，能够容纳近千人的报告厅几乎座无虚席。

五、积极宣传，努力提高"百家讲坛"的人气

为了提高我校"百家讲坛"的人气，学校领导做了大量工作。如米俊副校长在参加自治区学校德育经验交流会和昌吉州校园文化建设经验交流会上，把"百家讲坛"作为我校校园特色文化进行了宣传和介绍。

作为"百家讲坛"的主要组织者，迟习军老师在每个学期末都认真撰写工作总结，对取得的成绩和存在的问题进行反思。在此基础上他撰写的《关于举办昌吉州一中"百家讲坛"的思考认识》在2008年被评为国家级优秀论文一等奖。同时他还利用各种场合对外宣传州一中"百家讲坛"，如在昌吉州第三届学科带头人和青年骨干教师经验交流会上，他就介绍了学校举办"百家讲坛"的情况，受到了与会教师的好评，为学校赢得了赞誉。特别是在2009年1月到自治区参加教研活动期间，他有幸见到了中央电视台《百家讲坛》主讲人纪连海老师。纪老师听了有关州一中"百家讲坛"的情况介绍后，欣然为州一中"百家讲坛"题词："州一中百家讲坛，我们自己的百家讲坛；祝州一中百家讲坛越办越红火。"所有这些宣传工作都扩大了我校"百家讲坛"的声誉，成为我们今后更好地举办这项活动的强大精神动力。

静心总结我校的"百家讲坛"工作，我们的确取得了一定的成绩，但细心反思，还存在一些问题。其中最大的问题就是想听讲座的学生在"百家讲坛"时间不能自由离开教室。有时是班主任或任课教师安排学习、考试辅导任务，有时是和学校组织的活动发生冲突。如有几期讲座安排和学校的广播操比赛冲突，由于训练、比赛周期长，那几期讲座的听众人数就受到很大影响。所以希

望学校各部门之间协调、配合好，班主任老师给予大力支持，让学生有更多自由选择的机会。我们也力争更好地提高讲座的质量和水平，以过硬的内容吸引更多的学生参加。

州一中"百家讲坛"能够走到今天，成绩的取得来之不易，这里面渗透着太多人的辛苦和努力。在此，衷心感谢学校领导的大力支持，计算机、美术教师的无私奉献，广大同学、教师的积极参与。我们一定会认真总结经验教训，努力把州一中"百家讲坛"开办下去，并且在现在的基础上做大做强，让它真正成为学校的品牌活动和校园文化特色，为活跃学生的课余生活，开阔学生视野做出积极的贡献。

你让我专业成长少走弯路

我与《中国教育报》的结缘应该是在2000年暑假。那时的我，刚从石油运输公司子弟学校调到现在工作的单位，正赶上学校图书室搬家，就被安排来帮着搬运书籍。管理员已提前安排好了搬运的顺序，因此工作效率非常高。到了最后一天，我看到管理员叫来收废品的，准备把一些过期的杂志、报纸卖掉。看到那么多的报纸、杂志要被卖掉，我心中深感遗憾，但因为自己刚来，不好发表意见。我就悄悄地把管理员叫到一边，跟她说能不能让我拿走一些，哪怕掏钱也行。也许是我的诚意感动了她，也许是这几天大家一起干活有了感情，她爽快地答应了我，而且让我随便拿。我毫不客气地从已捆好的报纸、杂志中挑选出五捆，找同事搬回了宿舍，其中就有两捆《中国教育报》。这些报纸、杂志就成了我在州一中置办下的第一批图书收藏，但和原来的藏书相比，这次我可是占了大便宜。现在，这些报纸、杂志还完好地保存在我的书柜里。而我用心、细致地阅读《中国教育报》，就是从那个时候开始的，并且读上了瘾。

等我把那些过期的《中国教育报》上的文章读完，我就到学校阅览室找新报纸上的文章来读。但是按照规定，阅览室里的报纸、杂志是不能带出的，而且那时我还在其他学校兼课，平时的课余时间非常少，无法经常去阅览室。没有办法，我就让同在学校上班的爱人抽空去阅览室，然后她把读到的好文章摘抄下来推荐给我。就这样，我们坚持了两年多的时间。

有一次，我到校长办公室办事，看到沙发上堆积了好多报纸、杂志，其中就有《中国教育报》。我就问校长，能否让我借阅《中国教育报》？校长爽快地答应了。我高兴地，也毫不客气地把沙发上的《中国教育报》搜罗殆尽。

以后，我就时不时地去校长办公室"办事"，每次临走时就客气地向校长借阅《中国教育报》。在其他学校领导办公室和教务处，也能看到《中国教育报》，我当然也会客气地向他们借阅。

后来，我到学校教研中心工作，发现这里不但有《中国教育报》，还有《中国教师报》《教育文摘》等报纸、杂志。这就使我一下子有了用武之地，每天不管工作多忙，翻阅报纸、杂志成了我的日常工作。在办公室看不完的报纸，我就带回家接着看。如果哪天没有翻阅这些报纸，就总会感觉生活中缺少了些什么。现在的我，终于不用再到处搜寻，就可以准时阅读到最新的《中国教育报》了。

刚开始读报时，由于数量太多，我只能简单地浏览，把阅读的重点放在新闻、图片或与中学教学相关的文章上。有些关于高等教育、职业教育、学前教育的文章，只是看看标题就过去了。时间长了，那些当时感觉非常好的教学方法、教育理念也就忘掉了。后来，我就动笔把那些对自己有感悟、有启发的文章标题、作者、主要观点记录在笔记本上，并争取运用到日常教学中去。到了教研中心后，每次读报，我不但会把好文章的标题、作者、主要观点记录下来，还会到网上搜索、下载这些文章，并以批注的形式写出自己对文章观点的看法和认识，然后按照文章的不同类型，如理论学习类、教育理念类、教学方法类、班级管理类、读书交流类等，把它们编辑成册，下发给各教研组作为日常教研学习的材料。同时，我还利用校园网上的教研文化平台，开设了《他山之石》栏目，专门介绍我读到的好文章、好观点，供全校师生分享。

报纸上的好文章读得多了，也就激发起我的写作欲望。2006年初，我看到《中国教育报》上的《教改擂台》栏目，专门登载一线教师在课堂教学改革中的具体实践活动，我就把当时上《文艺复兴》一课时自己的教学方法和学生在课堂上的反应记录下来，寄送到《教改擂台》栏目。没想到报纸很快就刊登了我的文章，编辑老师还给文章起了一个非常贴切的题目《预约不曾预约的精彩》。这件事让我感动、兴奋了好长时间，校长还专门在教工大会上表扬了我，并号召全体教师向我学习，掀起读书、读报的热潮。这大大增强了我写作的自信心，单是在2006年的一年时间里，我先后在《中国教育报》《新疆教育报》《少儿智力开发报》《考试报》等报刊、杂志上发表了十几篇文章。2011年10月21日，我的《通过阅读加强思维力度》又被发表在《中国教育报》第七版《教学》专栏上。

如果说现在我在中学历史教育教学上还有所收获的话，真的多亏了《中国教育报》。是她，引领我走上了用新的教育教学理念指导课堂教学改革的道路；是她，使我在专业成长过程中少走了很多的弯路。衷心感谢《中国教育报》，衷心祝贺《中国教育报》，衷心祝愿《中国教育报》。更希望年轻的教师们能够早日关注《中国教育报》。

《中国教育报》，一路有你，真好。

新课改形势下教师观念的转变

新一轮课程改革的春风已吹遍祖国大地，当这阵春风吹来的时候，人们发现课程改革的先进理念只有化作教师自觉的教育行动，才能得到真正实现。而教师的专业水平不再单纯被理解为对教材的熟练把握和对教学方法技能的掌握。教师如果不加强自身的文化素质修养，努力提高自己的业务理论水平，一旦遇到思维活跃，敢于质疑的学生，在倡导互动的课堂上，就会处于尴尬的境地，教师自身的文化缺失就会暴露无遗。如视野不宽——表现为教书乏招，只知照搬教参，对照答案，教材内容化不开，教不活，只知让学生死记硬背；底蕴不厚——表现为创新乏力，学生对教材内容提出疑问时，教师一问三不知，学生要探索知识，教师只知和稀泥，这种教师根本就无法面对互动的课堂；修养不足——表现为育人乏术，责任心似乎很强，但艺术性很差，自我感觉良好而反思能力低下，不能正确对待工作和学习中的成功与挫折；情趣不多——表现为生活乏味，类似套中人，人未老心先衰，不能与学生进行交流沟通，这样的教师根本无法适应现代社会的需要，当然也无法调动学生学习的兴趣与积极性。现代教育需要的是博览群书、知识渊博、上知天文下知地理、风趣幽默的教师，不欢迎循规蹈矩、照本宣科、密不透风的教师。因此，教师转变教学观念，提高自身综合素质已成为必须面对和完成的重要任务。教师怎样才能做到这一点呢？

一、视工作为一种乐趣，让我们生活在快乐中

一名优秀的教师应该把教育当成一项崇高的事业，而不是赖以谋生的手

段，应该对事业热爱、对学生关爱，应该成为冬天里的一把火，魅力四射，温暖无比。把学生当成自己的亲人、家人来看待。美国石油大王洛克菲勒在给他儿子的一封信中讲了这样一个故事，有三个石匠在雕刻石像，有人过来问他们在这里做什么？一石匠回答说："你看到了吗？我正在凿石头，凿完这个我就可以回家了。"（这种人视工作为惩罚，在他嘴里最常说出的一个字就是累。）另一个人回答说："你看到了吗？我正在做雕像，这是一份很辛苦的工作，但酬劳很高，毕竟我有妻子儿女，他们需要温饱。"（这种人视工作为负担，在他的嘴里经常说的一句话就是养家糊口。）第三个人放下锤子，骄傲地指着石像说："你看到了吗？我正在做一件工艺品。"（这种人以工作为荣，在他嘴里经常听到的一句话就是很有意思。）

洛克菲勒最后告诫儿子："视工作为一种乐趣，人生就是天堂；视工作为一种义务，人生就是地狱。"也许有人会说：这样的大道理我们都懂，我们也会说，谁都会讲。我们做教师的，真的很辛苦，这一点我体会最深。我现在每周平均30节课，还带四个高三班，两个高二班，而且常年这样，我真的感到很累。有时在单位还好些，回到家累得话也不想多说，常常是板着脸，带着一身的疲倦靠在沙发上看电视。有些人可能并不喜欢教师这个职业；有些人可能喜欢文科，却阴差阳错地教了理科；有些人可能压根就不喜欢孩子，我的一个当教师的同学就说，她最受不了学生叽叽喳喳发出的那种噪声……是呀，人生有很多无奈，可是我想问你，你目前能改变这一切吗？如果不能，那就先改变自己来适应环境吧。"山不过来，我可以过去呀！"就像前文说的那样，为何不视工作为一种乐趣，让自己生活在天堂中呢？我现在就是这样想，也是这样做的。每天不管多忙，我都抽出一点儿时间跳绳，下午跟着学校体育老师跳一个小时的健美操，让工作生活都充满乐趣。我心态这样调整了，感觉的就不是累，而是一种生活的乐趣！所以在此我真诚地对各位教师说：让我们赋予教学工作以意义吧！这样你就会对工作产生无穷乐趣，就会生活在快乐中。

二、树立创新意识，敢于打破常规，勇于进取

人们常说学高为师，这里的学高不仅指一个人知识的容量，更在于知识上

的创新。对于教师来说，教学上的创新首先体现在对教材的处理上，要千方百计地让课本上的知识活起来，要用教材教，而不是教教材。比如，在历史教学方面，我对教材的处理很少受教材内容顺序的限制，而是根据自己对教材内容的理解和教学实际来重新组织，自成体系。因此听过我的课的教师、学生都能发现，我对教材内容相当熟悉，但从来没有人说我只是照本宣科，背诵教材。在备课方面，我很少写教案，上课就一支粉笔、一杯水、一个随身带的包。每年都有学生甚至教师想借用我的教案或讲义，可惜我一直到现在还没有。但没有人说我上课不负责任。其实我不是不写教案，而是经过自己的不懈努力，我度过了利用教案备课上课的阶段。最初我用了两年时间把课备在书本上，用了两年时间把书本上的内容整理到备课本上，用了两年时间完善备课本，而现在我已彻底从书本、备课中出来。教材内容可以被我自由调整调用，上课不再受课时、内容的限制。我现在不再写教案的原因，是怕自己被教案所禁锢，缺乏创新。因为我每年都带补习班，在班上有的学生最多跟我复读过四年，他们最受益的就是我每年并不是简单地重复知识，而是每年都在教学上有创新。我总是采取灵活多变的教学方式、手段，引导学生积极参与课堂教学。教师的教学方法方式越灵活、越丰富，学生的思维就越活跃，越有创造性。在师生平等交流探讨中，我很注重发现学生身上的闪光点，及时捕捉学生智慧的火花，以达到师生共同提高的目标。在平时的教学过程中，我比较注重采取历史问题教学法，我会把教材内容以问题的形式概括归纳，做到内容问题化，问题要点化。凡是教材上讲得比较详细明确的地方，我就充分发挥学生的自学能力，由他们自行解决；而对教材讲得不透彻，属于隐性知识的地方，我就会挖掘和整理，讲深讲透，做到简单问题复杂化，复杂问题简单化。我会多思考学生的年龄结构和学习特点，把学生当作备课的重点，让学生了解教师上课的习惯、讲课的方式、一些具体的课堂纪律要求、做笔记的方法。一般每学期的第一节课我都不讲课，而是讲明上述这些问题，并且对高中不同阶段的学生提出不同的学习要求，让他们明确师生在历史教学中各自应担当的不同角色。并且我在课堂上注重用形象化的素材、通俗易懂的语言、丰富多变的情感、合适恰当的形体动作来演绎历史知识，力求使枯燥乏味的历史教学充满活力。

三、转变角色，倡导平等、民主、和谐的师生关系

新一轮课程改革特别重视和强调学生素质的全面发展，注重培养学生的社会责任感、健全人格、创新精神、终身学习意识和社会实践能力。而且学生思维活跃，求知欲强，见多识广，参与意识强，因此在平时的教学过程中，教师必须转变自己的角色，学会以人为本，呼唤人的主体精神，教学工作重点由过去的注重知识传播转变为注重学生的发展。教师不再是权威知识的传授者、教学活动的主宰者、教学结果的评价者，而应该是学生学习的引导者、促进者和欣赏者。教师要倡导学生主动参与教学活动，乐于探究教材知识，勤于动手，努力培养提高学生获取新知识的能力、分析和解决问题的能力、与人交流合作的能力，以此来培养学生良好的个性和健全的人格。

四、教师应有强烈的教研意识，努力提高教研能力

最近，上海交通大学有一位57岁的教师去世，临终职称也只是一个讲师，原因是他把主要精力放在了教学上，而很少发表科研学术论文。他的课深受学生欢迎，去世后一千多名学生在网上发表各种悼念文章，为老师未被评上教授鸣不平。他们甚至准备自筹资金为老师出版文集。这一事件引发了对待教师职称评审的广泛争论，教师的主要任务是教学还是搞教研呢？其实这个问题很好回答。教师的主要职责肯定是教学，教师水平的高低肯定体现在教学上，体现在学生对教师业务能力的认可上。但我认为，一个教学水平高的教师应该而且肯定是一名教研能力强的教师，但教研能力强的教师不一定是一位教学水平高的教师，这有可能受教师性格、与人交往能力等方面因素的限制。其实中学的教研工作不像科学家或大学教授从事的研究工作那样深奥，只要把自己在日常教学工作中的成败得失形成文字，进行反思总结，或者在教研活动中进行交流沟通，就是很好的教研活动，形成的文字整理就是教研成果。我是从1995年开始动笔写文章的，开始阶段由于缺乏丰富的教学实践，所写的文章大多是历史专题总结式的，以查资料、整理汇编资料为主，如《我国历史上的边疆问题》《我国历史上的选官制度》等；后来是以自己的教学心得为题撰写的论文，如

《高三历史教学中教材的处理与运用》《历史高考问答题的答题技巧与方法》等；再后来就是关于教改方面的文章，如《历史新一轮教材改革的思考》《研究性学习的意义和认识》等。到现在我共写了四十多篇论文，其中有的获国家级、自治区级、州级优秀论文等各种奖次，有的在《历史教学》《中学历史教学参考》《现代中小学教育》《中国教育报》《考试报》上发表，有的入选论文集出版。我通过不断写作，提高了业务水平，也增强了自己的自信心。我的感受是：搞教研、写论文，既提高了自己的水平，又名利双收，这样的好事去哪儿找，何乐而不为呢？

五、打开书本，走向人生发展的最高境界

现代社会发展日新月异，知识更新速度加快。有人说一名大学毕业生离开校门三至五年，所学的知识就会陈旧。因此作为一名教师应该打开书本，打开自己的成长之门，走向人生发展的最高境界，树立终身学习的意识。只有这样，教师才能为学生的良好成长提供肥沃的土壤。有人说人最可怕的是灵魂空虚和精神萎缩，那么怎样才能使自己具有充实的灵魂和不断生长的精神呢？答案就是读书。只有读书，并且在读书的同时进行实践研究、反思和写作，才是实现教师专业化发展，同时促进教师人生发展和生命成长的最好途径。

读书，首先能够改变教师人生匮乏、贫弱、苍白的状态。走上课堂，照本宣科，捉襟见肘，多是因为读书太少。读书，能改变教师的精神、气质和品性。古人曾说："腹有诗书气自华。"书籍会使教师不再自甘平庸、俗不可耐。有人说，人品即文品。对教师来说，人品也是教学的品位。"教师的人格，就是教师的一切。"（乌申斯基语）"要散布阳光到别人心里，先得自己心里有阳光。"（罗曼·罗兰语）读书，能够使教师不断增长职业智慧，能使自己的教学闪耀睿智的光彩，充满创造的快乐。一个精神富裕、专业化程度高的教师，他能以自己特殊的职业眼光，展示出课程的引人入胜之处；以最简洁的线条，拉动最丰富的信息；以最轻松的方式，让学生得到最有分量的收获；能从最接近学生现在的起点，带领他们走到离自己最远的终点；能让自己最大程度地闲下来，而让学生最大程度地忙起来；不仅能让学生学懂、学透知识，

而且能把教学过程变成一种富有亲和力的情感体验过程，和学生一起沉浸于其中，热爱于其中，出神入化地与学生一起创造于其中，并使学生的心灵飞翔起来；他有强烈的课程开发意识，不仅关注"跑道"的设置，而且更关注学生跑的过程，能让生活成为一种教育，把教育变成一种生活。

读书不仅能改变教师的人生，而且能促使教师历史性地思考人生，从而实现自我人生层次的提升和生命的升华。读书能使教师更加自觉、深入地思索和追问：人是什么？人活着为了什么？教育是什么？什么样的教学是理想的教学？什么样的教师是理想的教师？……对所有这些，我都曾经痛苦地思索过，都曾经力求寻找出一个"放之四海而皆准"的模式。但其实，我错了，从根本上错了！因为"教育在任何时候和任何地方都不是什么已经完成的和完善的东西"（第斯多惠语），哪有什么放之四海而皆准的模式？哪有适用于任何教学内容和任何班级的教学套路？所有的教育、教学，所有的课程，其本身就是一个过程，一种动态，一种求索、努力和挣扎。它本身就存在于教师的生命、学生的生命和教学内容相融合的动态发展的过程之中，就体现在教师和学生用自己的生命对教学内容进行独特的感知、体验、感悟和发现之中。世上没有两片相同的树叶，地上没有两条相同的河流，每堂课都是独一无二的存在，每堂课都是教师和学生生命的不重复！这个认识虽然不算深刻，但毕竟是我多年读书学习的结果。能够认识到这点，我就不会再重复别人和自己，就会努力寻找出每一次教育和教学活动的"独一无二"来。

在这方面，我从来没有放松过自己。由于常年带高三毕业班，课时多、工作量大，虽然看课外书籍的时间不多，阅读面不是很广，但就高三历史教学而言，我每年借阅的教辅资料是相当多的，光是给学生选用讲解的教辅资料每年就不会少于五本，而其他成套的试卷、报纸不计其数。此外，我每天坚持看电视、听广播、看专业书和其他各种书籍。上网查资料、和朋友同事们聊天、听专家讲座等方式，都可以拓展自己的视野，增长自己的见识。通过不断的学习，我真正感受到了学海无涯，学无止境。

我们每个人的人生毕竟是自己的。你怎么看待、设想、规划自己的人生，你实际上就会有一个什么样的人生。美国著名作家弗格森说："每个人都守着一扇只能从内开启的改变之门，不论动之以情或晓之以理，我们都不能替别人打开这扇门。"教师的成长之门只能由教师个人打开，别人是无能为力的。尊敬的教师们，让我们自己打开书本，打开自己的成长之门，走向人生发展的最高境界吧！

正确把握"双考"关系，努力提高学生能力

现在我国在高中阶段实行的考试体制主要有会考与高考两种形式。会考是国家承认的省级普通高中文化课毕业水平考试，是据以划分高中毕业生成绩等级和衡量学生是否合格的主要手段。会考内容以国家教委颁发的教学大纲为依据，会考命题难易适度，侧重于考查学生对教材基础知识的掌握程度。而高考是由合格的高中毕业生参加的选拔性考试，它的主要目的是考查、确定考生是否具备进入高等学校及其相关专业的知识储备和相应能力。它要准确地测量考生对教材基础知识的掌握程度和具有的学习能力，科学地反映学生的潜质和潜力，有效地区分考生的真实水平。因此它的命题原则是"源于教材而又高于教材"，注重考查学生对各学科知识整体把握、综合分析问题和解决问题的思维能力。

高考与会考二者性质不同，目的和要求也不一样，但二者又相互联系，有机统一。无论会考还是高考，本质上都是为了全面贯彻党的教育方针，全面提高学生素质，保证国家对建设人才的需要。这就决定了它们在实践中的关联性，具体来说就是以会考促进高考。因此，在具体的教学实践活动中，如何正确处理好会考与高考的关系，怎样才能寻找到会考与高考的结合点，就成为广大中学教师，特别是处于会考和高考教学第一线的教师十分关注的问题。

我从1994年开始，一直从事高二和高三的历史教学工作，下面就依据历史学科的特点，结合我多年的历史教学实践，就这一问题谈谈体会，不当之处请各位同仁批评指正。

历史会考从侧重考查学生对基础知识的掌握程度出发，主要是从历史教

学中重要的历史概念、历史史实、历史事件、历史人物是什么或怎么样这些方面考查学生，问题的设计比较简单，答案比较明确。如资产阶级革命派已经形成的标志是资产阶级革命团体的广泛建立；资产阶级民主革命的纲领是三民主义；第一个全国性的统一的资产阶级革命政党是中国同盟会等。这些问题一般在教材中都有明确的语言表述，是参加会考的学生应重点掌握的内容。而相似的问题如果在高考中出现，就会将这些"是什么"改为"为什么"，如为什么三民主义会成为资产阶级民主革命的纲领？中国同盟会为什么是第一个全国性的统一的资产阶级革命政党等类似问题。因此，在高一的历史教学实践中就要有意识地向学生渗透这些高考有可能涉及的问题，让学生尽快缩短从会考过渡到高考的过程，逐步适应未来高考对学生在分析问题和解决问题思维能力上的要求。下面就结合高一中国近现代史上册第三章《资产阶级民主革命和清朝的覆亡》谈谈我对这一问题的设计。

首先向学生提出问题：资产阶级民主革命兴起的历史背景有哪些？从历史背景的分析中你能得出什么结论？

通过学生的分析、讨论，引导他们解决问题：资产阶级民主革命兴起的根本原因是19世纪末20世纪初帝国主义列强对中国侵略的加剧，特别是1901年《辛丑条约》订立后，中华民族危机加深，中国完全陷入半殖民地半封建社会深渊。进而引导学生结合前面教材所学知识概括出当时帝国主义列强对中国侵略加剧的表现：军事上，列强发动了一系列的侵华战争，如中法战争、甲午中日战争、八国联军侵华及战后列强强迫清政府订立的一系列不平等条约；经济上，帝国主义国家加大对中国以资本输出为主的经济侵略；政治上，掀起以划分势力范围和强占租界地为主要手段的瓜分狂潮，特别是1899年美国提出的"门户开放"政策，标志着帝国主义列强形成了共同宰割中国的同盟。这就使帝国主义列强与中华民族的矛盾进一步激化，从而使中华民族危机日益加深。通过以上分析，不但使学生注意到了教材内容的前后联系，同时学生也可以得出这场资产阶级民主革命是一场以挽救民族危亡为核心的爱国运动。资产阶级民主革命兴起的根本条件是中国民族资本主义经济的初步发展；阶级条件是资产阶级特别是中小资产阶级知识分子队伍的发展壮大；思想条件是资产阶级民主革命思想的广泛传播，特别是革命派与保皇派展开的论战；组织条件是资产阶级革命团体的广泛建立，特别是1905年中国同盟会的成立，使资产阶级民主革命从此进入到一个新的阶段。

通过对这些经济条件、阶级条件、思想条件、组织条件等主观条件的分析，使学生们得知资产阶级民主革命的兴起是当时中国社会政治、经济、思想文化发展到一定阶段的历史产物。而维新变法运动和义和团运动失败的教训、20世纪初中国人民抗捐抗税斗争和收回权利斗争，特别是四川人民掀起的保路运动等，则成为这场革命得以兴起的客观条件。所有这些历史原因和历史条件结合在一起，充分说明这场资产阶级民主革命的兴起不是偶然的而是历史的必然，从而使学生对这场革命的兴起情况从总体上有了一个更深的认识。

然后简单介绍这场革命的经过：第一，资产阶级民主革命正式兴起——武昌起义的爆发，由此点明武昌起义和四川保路运动之间的关系，引导学生结合教材分析这场革命在武昌地区取得成功的社会原因，进而反思在此前以孙中山为代表的革命党人发动的一系列武装起义，如广州起义、萍浏醴起义、浙皖起义、黄花岗起义失败的原因。第二，辛亥革命的进一步发展——湖北军政府的成立及其政权性质；黎元洪得以担任湖北军政府都督的原因、造成的影响；十几个省区宣布独立标志着清政府的土崩瓦解。第三，辛亥革命的高潮——南京临时政府的成立及政权性质，《中华民国临时约法》的内容、性质和历史意义。第四，在讲述辛亥革命的性质、功绩和教训时，先分析辛亥革命的结果——胜利果实被袁世凯窃取，以袁世凯为代表的北洋军阀统治最终建立。从而引导学生分析辛亥革命的胜利果实有哪些？袁世凯为什么能够窃取革命的胜利果实？帝国主义在这场革命中扮演了什么角色？同以往列强对待中国革命如太平天国革命、义和团运动的态度相比，帝国主义对待这场革命的态度有什么变化？变化的原因是什么？等等。

这样就可以引导学生进一步思考和解决问题，而不单单把思维局限在教材上，而是对教材有一个更深层次的认识。

接着重点分析讲解资产阶级民主革命的纲领——三民主义，让学生不但明确同盟会提出的"驱除鞑虏，恢复中华，创立民国，平均地权"同"民族、民权、民生"三大主义之间的关系，更要明确三大主义各自的含义，由此引导学生对三民主义得出客观的评价。要让学生了解"三民主义"是在旧民主主义革命时期先进的中国人在探索救国救民道路上所取得的最重大的思想成果，但随着时代的发展，到新民主主义革命时期，旧"三民主义"已不适应形势发展的需要，于是1924年孙中山接受了中共反帝反封建的纲领，把它发展成为新"三民主义"，由此培养学生用辩证发展的眼光看待问题、分析问题的能力。

最后让学生通过自学得出辛亥革命的性质、历史功绩有哪些？直接作用和最大影响是什么？局限性有哪些？局限性在革命过程中的表现如何？失败的直接标志和根本标志是什么？失败的原因何在？说明什么问题？这些问题通过读书是不难找出正确答案的。

以上突出的问题是会考中必须掌握的知识，如果教师上课时只是单纯地讲述这些知识点，学生很难从总体上理解、把握，而我通过上面这些问题的设计、提出、分析，使高一的学生对教材知识有了一个清醒全面的认识。这样在理解的基础上再去记忆，就能避免死记硬背，应付会考是很轻松的。而且教师将会考复习作为高考第一轮的过关训练，正确把握好二者之间的衔接关系，寻找到二者之间的结合点，就能够为今后学生分析问题、解决问题的综合能力的提高打下坚实的基础。把注重全面素质教育的会考和注重能力培养的高考有机地结合起来，才能构成基础教育最完美的导向。

第五章

教学设计

人教版高中历史必修一第25课《两极世界的形成》教学设计

【设计理念】

以高中历史2017年版的相关规定（以下简称相关规定）为教学设计的理论依据，突出教师主导、学生主体的作用，教师通过提供相关的文字、图片、视频等材料，促进学生学习方式的转变，倡导学生在多样化、开放式的学习环境中主动学习，以此充分发挥学生的主体性、积极性与参与性，培养学生从不同视角发现、分析和解决问题的能力以及健康的情感、高尚的情操，提高创新意识和实践能力。

【教材分析】

《两极世界的形成》是人教版高中历史必修一第八单元《当今世界政治格局的多极化趋势》中的第一课。从单元标题可以看出，本单元的重点是让学生了解、掌握当今世界政治格局多极化趋势形成、发展的过程。那么，这种趋势是如何演变而来的？之前的世界政治格局是什么？就是首先要让学生了解的问题。因此，作为第八单元的第一课，本课起着追根溯源，探寻来龙去脉的作用。

阅读本课的教材内容，感觉它的理论性比较强，涉及很多重要的概念，如雅尔塔体系、冷战、两极格局、杜鲁门主义、马歇尔计划等。查看相关规定，明确规定本课对学生的要求是了解美苏两极对峙格局的形成，认识冷战对二战后国际关系发展的影响。我在研读相关规定和教材内容的基础上，把本课教学要突破的重难点放在让学生认识冷战对二战后国际关系发展的影响上，而美苏两极对峙格局的形成所涉及的概念及其之间的关系，则力求让学生从感性认识的角度去准确地理解、把握，尽量降低他们学习上的难度。

【学情分析】

本课的授课对象是高一年级的学生，他们在初中阶段学过相关的内容，有一些基础知识的积累，但对历史学科的重视程度不够，缺乏应有的历史思维训练。在高一阶段，如果教师把课程设计得难度太大，学生就会不适应教师的教学思路，跟不上教师的教学节奏，久而久之，可能会对历史学科产生畏难情绪。因此，教师应注重千方百计地培养学生的学习兴趣，调动他们听课、思考的积极性。具体到本课的教学内容，教师采用怎样的过程与方法让学生真正理解雅尔塔体系、冷战、两极格局等抽象的历史概念，从而避免简单的理论说教，是在设计教学思路、方法时必须注意的问题。

【教学目标】

知识与技能：掌握雅尔塔体系、杜鲁门主义、马歇尔计划、北大西洋公约组织、经互会、华沙条约组织等相关名词概念的含义；了解德国的分裂、朝鲜半岛的分裂、古巴导弹危机等重大历史事件；分析美苏两国在"冷战"状态下的对峙和矛盾对世界和平与国际关系产生的影响。

过程与方法：利用多媒体提供相关的图片、文字、影像资料，以此激发学生的学习兴趣和动力；通过问题探究、史料研习、历史对比、图片分析等方法，培养学生分析问题和解决问题的能力。

情感态度与价值观：引导学生充分认识冷战和美苏"两极世界"的形成，是二者在社会制度、意识形态和国家利益上的尖锐对立和冲突造成的；以苏联为首的社会主义阵营加强内部的团结合作，对抵制以美国为首的资本主义国家的进攻起到了一定的作用，但也因苏联的大国沙文主义政策，加剧了社会主义

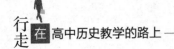

阵营内部的矛盾；"冷战"下的美苏双方激烈争夺给世界和平与安全带来了极大的威胁。

【教学重难点】

教学重点：美苏"冷战"政策的具体表现和各自之间的关系。

教学难点：美苏"冷战"给世界和平和国际关系带来的影响。

【教学方法】

采取教师讲授法、问题探究法、史料分析法、图表归纳法等多样化的教学手段，为学生的自主学习和合作探究创造必要的条件。

【教学过程】

（一）导入新课

教师用视频展示1945年8月美国原子弹在日本广岛、长崎爆炸的场面。然后问学生，看到这样惨烈的场面，大家的内心是什么感受。并告诉学生，当得知这一事件后，有一个人的内心充满了内疚和担忧，大家猜猜他会是谁?

教师看学生能否猜出这个人就是为原子弹的设计提供理论依据，并积极建议美国政府要抢在德国法西斯之前制造出原子弹的科学巨匠爱因斯坦。

教师用PPT出示爱因斯坦的话："我不知道第三次世界大战人们会使用什么武器，但我却知道第四次世界大战中人们使用的武器将是石块和木棒。"提问学生应该怎样理解这句话。

学生阅读材料，思考讨论，在教师引导下能认识到：当今世界如果发生战争，必然是核战争，那就不可能有胜利者，只有交战双方甚至整个人类的毁灭。

教师追问学生：爱因斯坦的担忧是多余的吗?为什么二战后至今没有发生新的世界大战?是什么因素制约着新的世界大战的发生?引导学生进行深刻的思考。

设计意图：通过展示原子弹爆炸的场面和引用爱因斯坦的相关材料，首先给学生的心灵带来一定的震撼，让他们认识到现代战争的残酷性及当今世界和平的来之不易，进而认真思考为什么二战后至今没有发生新的世界大战？是什么因素制约着新的世界大战的发生？从而为教师进入正课讲授做好铺垫。

（二）进入正课

教师用PPT展示二战后美苏实力对比、西欧国家衰落、东欧社会主义国家建立的相关资料。

学生阅读、分析材料中各国经济、军事等实力的变化情况，讨论这些变化会对本国的外交政策、国际地位产生怎样的影响，进而认识美苏冷战、两极格局形成的原因。

教师总结出二战结束后，美国作为资本主义世界的头号强国，凭借其强大的综合国力，再次暴露出它要称霸世界的野心；而苏联的强大和社会主义力量的壮大，成为美国称霸世界的最大障碍。由此看出，美苏这两位昔日战场上的盟友已变成了竞争的对手。在黑板上板书"一、棋逢对手国力强"。

设计意图：让学生通过分析二战后以美苏为代表的资本主义国家和社会主义国家实力对比的变化，来认识美苏冷战及两极格局形成的原因。教师通过板书"棋逢对手国力强"进行总结概括，可以加深学生对一个国家的外交政策、国际地位的确立，归根结底由综合国力决定的认识。

（可能出现的问题及对策）问题：学生对美苏社会制度、意识形态领域的矛盾产生理解上的困难。比如，当今中国和美国也存在着社会制度、意识形态领域的矛盾，但现在的中美关系是建设性战略合作伙伴关系。

对策：①当时的美苏两国在社会制度与意识形态方面根本对立，均将对方视为主要敌人，所以美国才积极推行反共、反苏的政策。②现在的人们在冷战结束、政治格局多极化趋势加强、和平与发展成为世界主题后，才淡化社会制度、意识形态的差异，不再把二者作为处理国家之间关系的原则。对此问题，人们有一个认识变化的过程。

教师在引导学生分析美苏冷战及两极格局形成的原因后，继续追问学生，到底什么是冷战？它包括哪些"战"的表现形式？

学生能够准确理解冷战的含义，特别是在军事上对抗的表现。

（可能出现的问题及对策）问题：人教版教材把"冷战"定义为以美国为

首的西方资本主义国家，对苏联等社会主义国家采取的除武装进攻外的一切敌对行动。至于有哪些敌对行动，特别是在军事上对抗的表现，教材没有明确表述，学生在准确理解、概括上有一定难度。

对策：教师引用岳麓版教材上有关冷战表现的表述，即包括相互攻击对方的价值观念与社会制度、外交对抗、封锁禁运、军备竞赛、组建军事集团、发动代理人战争等。

教师用PPT出示一幅棋局图，问学生：有人曾把美苏之间的这场没有硝烟的战争形象地比喻为一盘双方进行博弈的棋局。既然要下棋，就得事先制定出一个双方共同遵守的原则。那么，二战后有没有这样一个原则呢？

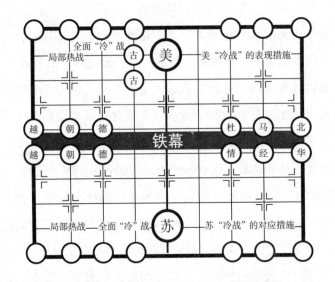

学生阅读教材，知道雅尔塔体系就是双方要共同遵守的原则。因为它奠定了战后世界两极格局的框架。

教师引导学生从棋局图上来描述雅尔塔体系是如何奠定战后世界两极格局的。让学生认识到，雅尔塔体系的原则就相当于棋局中的"楚河汉界"，划分了美苏各自的势力范围，同时也规定双方不能越雷池一步。这种美苏两分天下的格局就是战后美苏冷战下的两极格局。

设计意图：本课教学设计的最大意图就是通过这幅棋局图的设计，把二战后的美苏冷战、两极格局的相关问题，形象地展示出来。美苏两大国作为下棋的棋手，雅尔塔体系是下棋应遵循的规则。这就把理论性较强的问题形象化、具体化，从而增强学生的感性认识，降低学生学习的难度。

教师提问：美苏冷战的序幕是如何揭开的？

学生通过阅读教材导言，回答出是1946年英国前首相丘吉尔的"铁幕演说"发出了冷战信号，揭开了美苏冷战的序幕。

教师板书"二、拉开铁幕要对抗"，并用PPT出示丘吉尔"铁幕演说"的相关材料，同时向学生提出问题：为什么是英国的丘吉尔充当了这一角色？

学生通过讨论、思考，找出如下原因：二战后英国自身实力的下降、与苏联不同社会制度的对抗、国家利益的冲突等。

设计意图：通过引用丘吉尔"铁幕演说"的相关材料，引导学生认识到一旦二战结束，美苏共同的敌人法西斯被打败，二者间的矛盾对立加剧，必然会发生冲突。但双方还心有余悸，不愿主动挑起事端，而丘吉尔的"铁幕演说"则为冷战的兴起起到了推波助澜的作用。

教师板书"三、你出招来我应对"，并用PPT棋局图先后出示杜鲁门主义—共产党和工人党情报局、马歇尔计划—经济互助委员会、北大西洋公约组织—华沙条约组织，来直观展示美苏双方是如何如棋手对弈般进行出招和应对的。同时还要进行简单的分析，点明杜鲁门主义是美国实行冷战政策的政治宣言，标志着美苏冷战从此开始。马歇尔计划是其经济基础，北约组织是其军事保障。而北约和华约组织的成立则是两极格局形成的标志。

设计意图：这是本课教学设计的核心。试图通过棋局图的设计为学生直观展示美苏双方是如何进行出招和应对的，以此概括出美苏冷战的表现和两极格局形成的过程。并且让学生明白冷战是美国率先挑起的，而且双方冷战的重点地区在欧洲。同时也让学生明白美国实行冷战政策的内容及其之间的关系，战后两极格局形成的过程、标志。

（可能出现的问题及对策）问题：人教版没有讲到苏联和东欧国家于1947年成立的共产党和工人党情报局，学生对这个国际组织缺乏必要的了解。

对策：教师引用岳麓版教材中的这个知识点，并出示相关材料加以补充，说明该组织的性质及结果。

教师板书"四、剑拔弩张好心慌",并用PPT棋局图展示德国分裂、古巴导弹危机、朝鲜战争、越南战争等,以此来引导学生总结出在美苏冷战的两极格局下,国际关系呈现出了全面冷战和局部热战相互交替的特点,从而加剧了世界的紧张局势。

(可能出现的问题及对策)问题:1962年发生的古巴导弹危机属于冷战还是热战?有些学生会产生异议。

对策:播放有关古巴导弹危机的视频资料,让学生了解该事件的来龙去脉,以此做出准确的判断。

教师用视频展示德国的分裂和柏林墙的修建、古巴导弹危机的相关资料,在学生对事件的来龙去脉有所了解的基础上,引导大家观察在美苏冷战中,虽然彼此在气势上显得咄咄逼人,剑拔弩张,战争好似一触即发,但最终还是以和平方式解决问题。这说明冷战中的双方还是表现出"理性克制"的特点。那么,为什么会出现这种情况?这又会对世界局势产生什么影响呢?

学生思考、讨论,结合教材得出结论:美苏双方势均力敌,而且都掌握着能毁灭对方甚至人类的核武器,所以谁也不敢轻举妄动,双方未发生大规模的直接武力冲突,从而避免了新的世界大战的爆发。

设计意图:通过该环节的设计来引导学生分析美苏冷战对二战后国际关系发展产生的影响,顺利完成相关规定的目标要求,并且和导入新课中的学生对爱因斯坦的话语材料的认识相呼应。至此,学生就能回答出教师进入正课前提出的"为什么二战后至今没有发生新的世界大战?是什么因素制约着新的世界大战的发生?"等问题。

教师:结合朝鲜战争,说明在这盘棋局中,中国开始是被迫卷入的棋子。但因为抗美援朝战争的胜利,中国不但提高了自己的国际地位,而且影响了棋局的走势,从此不再是一颗受人操纵的棋子。

学生思考、反思,进而认识到没有哪个国家愿成为受人操纵的棋子,要想摆脱被操纵的命运,只有发展经济,增强国力。

(三)总结升华

教师板书"五、君子和而不同",然后让学生对比分析,在处理国际关系时，冷战和热战，哪种方式更好些？有没有更好的原则方法来指导我们正确处理国际关系？

学生思考、讨论，能回答出我党实行的和平共处五项基本原则、求同存异等。

教师在学生回答问题的基础上，进行总结升华。我设计的结束语如下：

二战后，美苏为了各自的国家利益，企图把自己的意识形态和价值观念强加到别国身上，并推广到全世界。这是一种错误的思维方式和处理国际关系的方法。我们必须承认世界的多样性，尊重各国人民根据国情来选择发展道路的权利。其实早在两千多年前，孔子就说过："君子和而不同，小人同而不和。"周恩来总理在1955年的万隆亚非会议上也提出了"求同存异"的原则。我党一贯倡导的"和平共处五项基本原则"已经成为超越社会制度和意识形态的处理国际关系的基本准则。2005年4月胡锦涛总书记在雅加达亚非会议上第一次提出了建设"和谐世界"的理念，为全人类描绘出"持久和平、共同繁荣"的美好前景，这是中国人民为世界和平事业的发展作出的又一伟大贡献。

设计意图：通过本课的学习，让学生明白二战后的美苏全面冷战和局部热战，都给世界和平带来威胁，它们不是处理国际关系最好的方法。而最好的方法应从中国的传统文化和我党的外交原则、政策上去寻找答案。这就把对学生的情感、态度和价值观的教育落到了实处。进而引导学生思考，处理国际关系是这样，那么在我们日常的家庭关系、同学关系等方面，又何尝不是这样呢？这就会引起学生对为人处事的思考。

【教学反思】

我认为中学历史教学应遵循以下原则：理性的课让学生从感性认识的角度来突破；感性的课引导学生上升到理性的高度。而本课的理论性较强，为了增强学生的感性认识，我把本课设计成了一副完整的棋局，并巧妙地把美苏作为对弈的棋手镶嵌其中，通过"棋逢对手国力强"，突出美苏两强的地位，点明冷战的原因；"拉开铁幕要对抗"指出丘吉尔的"铁幕演说"发出冷战的信号，强调不同社会制度、意识形态间对抗的加剧；"你出招来我应对"概括美苏冷战的表现和两极格局的形成过程；"剑拔弩张好心慌"则通过史料说明美苏冷战对二战后国际关系发展产生的重大影响。最后，通过"君子和而不同"，归纳出正确处理国际关系的原则方法，并希望这些方法对学生处理日常生活中的人际关系有所借鉴。

本课以"棋手对弈"的具体过程来体现出关键词"冷战"的含义。通过棋局的展示，把"雅尔塔体系"变成棋局中棋手应遵循的总规则，"楚河汉界"（铁幕）划定了美苏各自的势力范围，突出了不能逾越的两极。而本课的重点——冷战阴影下的国际关系，也就变成了棋盘中棋手与棋子的关系。由此，雅尔塔体系下大国强权政治的色彩就不言而喻了。这样的设计将抽象的理论变成棋局中感性的、可直观的东西，比教师生硬的讲解，效果要好得多。

人教版高中历史必修二第5课《开辟新航路》教学设计

【设计理念】

以高中历史相关规定实验稿为理论依据，教学设计中应突出教师主导、学生主体的作用，应促进学生学习方式的转变，倡导学生主动学习，在多样化、开放式的学习环境中，充分发挥学生的主体性、积极性与参与性，培养学生从不同视角发现、分析和解决问题的能力和健康的情感、高尚的情操，提高创新意识和实践能力。

【教材分析】

教材内容的地位、作用与意义：

《开辟新航路》是人教版高中历史必修二第二单元第5课，在世界近代史教材中的地位相当重要。新航路的开辟是世界市场开始形成的标志性事件，阐述了全球逐渐形成以欧洲为中心的世界经济体系，并对欧洲和亚、非、美洲等造成了巨大的影响。通过本课的学习，将为世界近代资本主义时代和世界格局演变的后续学习打下基础。

教材的编排特点、重点和难点：

教材的编排条理清晰、史实丰富、结构完整，用三个子目分别讲述了新航路开辟的历史背景、海上探险活动的概况、新航路开辟的历史影响，揭示了历史事件发展的整体性和规律性，以帮助学生更好地掌握相关规定的要求。

【学情分析】

学生已有知识和经验:

学生在初中时已学习过《新航路的开辟》的相关内容,已经有了一定的历史知识储备,但没有形成系统的知识体系,全面探索和认识历史事件的能力还有所欠缺,普遍对新航路开辟所带来的影响缺乏深层次的认识和理解,仍需要教师的适时引导。

学生学习方法和技巧:

高一学生通过初中和高中半年的历史学习,思维能力已有了较大的提高,能够通过认真阅读课本和课外资料来概括历史事件的大致轮廓,并初步调动和运用所学的知识来辨别、理解历史事实。

学生个性发展和群体提高:

高一学生由于基础知识和技能掌握得程度不同,在形成历史概念、全面深入认识历史事物的本质、论证和探讨问题等方面,往往体现出较大的差异性,因此在教学中要因材施教,灵活处理教材,既注意与初中课程的衔接,也要关注学生全面发展和群体提高。

【教学目标】

依据相关规定,教学过程中要求学生概述迪亚士、哥伦布开辟新航路的史实,认识地理大发现对世界市场形成的意义。因此,在三维目标方面可具体细分为:

知识与能力:

(1)理解新航路开辟的原因和条件,提高学生分析、解决历史问题的能力。

(2)识记和掌握迪亚士、达·伽马、哥伦布、麦哲伦等人的探险活动,培养学生客观概括历史事件的能力。

(3)正确认识新航路开辟的影响和伟大意义,让学生学会用比较、归纳的方法来评价历史事件。

过程与方法：

（1）通过提供新航路开辟的相关图片、史料，让学生掌握获取和解读信息的方法，能够从材料中最大限度地获取有效信息，进行准确、合理的解读。

（2）通过创设历史情境和问题探究，小组讨论和师生共同合作交流，让学生感知历史，锻炼其自主学习的精神，并提高其口头表达的能力。

情感态度与价值观：

通过对新航路开辟的学习，感受航海家不畏艰险、勇于探索的开拓进取精神，并体会新航路开辟的伟大意义，认识到其促进了人类文明的进步。

【教学重难点】

教学重点：新航路开辟的背景和经过。

教学难点：新航路开辟的历史影响。

【教学方法】

除了传统的讲授法之外，还应采用读书指导法、讨论法、课件演示法、材料分析法、图表归纳法等多样化的教学手段和方法，为学生的自主学习创造必要的前提。

【教学媒体的选择与运用】

积极发挥多媒体教室的作用，通过视频和关键图片、史料的展示，创设历史情景，激发学生学习的浓厚兴趣。同时还要通过不同地图的比较，引导学生从中发掘有效的信息，探讨地图所反映出来的历史问题，从而得出正确的结论。

【教学过程】

导入新课：热点新闻

设计意图：从社会热点"双十一"出发，激发学生兴趣，让学生直观感受经济的全球化，从而自然点题。

第一环节：昨日重现——新航路开辟的经过

这是本节课的重点，课前要求学生进行新航路开辟相关材料的搜集，课堂将学生分成四组，通过角色扮演，请各组选出的船长描述四位航海家的航行线路，再现新航路开辟的经过。在这里我使用了创设历史情境、地图教学法。

设计意图： 采用创设历史情境、地图教学法的依据是：根据心理学原理，高一年级学生感性思维强，理性思维还较弱。采用地图教学法直观形象，符合高一年级学生的认知规律，有利于激发他们的学习兴趣。对学生图说历史的方法指导，体现"授人以鱼，不如授人以渔"的教学思想，也是践行新课程重视过程和方法，凸显学生学习主体地位的理念。有效地掌握新航路开辟的经过这一重点知识。培养学生自主学习能力，口头表达能力。同时通过小组成员的补充完善，增强学生的合作意识和对本课重点知识的识记能力。

第二环节：始末由来——新航路开辟的原因

在这一环节我主要使用了材料教学法，通过对四则材料的分析，引导学生理解并归纳出新航路开辟的原因，进而引出欧洲人的东方梦。

设计意图： 采用材料教学法的理由是材料教学重视过程与方法，有利于提高学生对材料的阅读、分析和理解能力，培养学生论从史出的历史思维。

第三环节：万事俱备——新航路开辟的条件

这一环节主要采取小组讨论法，学生通过讨论、合作探究，归纳总结出新航路开辟的条件。

设计意图： 采用小组讨论法，唤醒学生的主体意识，使他们更加主动地思考、倾听、组织语言，提高逻辑思维能力，同时培养团队精神、感悟集体的力量。

第四环节：蝴蝶效应——新航路开辟的影响

这是本课的重点和难点知识，我由浅到深，设计了三个层次来掌握这个重难点知识。首先，我把课本教材第三子目的内容当作最直接的两则材料来使用，引导学生多角度看待问题，找出新航路开辟影响的三个主要方面：对世界、对欧洲、对亚非美洲；其次，引导学生学会辩证地看待问题：既看到新航路的开辟对世界对欧洲产生的积极影响，也要看到新航路开辟给亚非美洲带去的灾难。最后，在基本理解新航路开辟的影响的基础上，我又引导学生从全球史观、现代化史观、文明史观来对新航路开辟的影响进行理解，进一步认识新航路开辟的重大意义。

第五环节：答疑解惑——梁启超的困惑

通过对郑和的航行与哥伦布、达·伽马的航行的比较，引导学生从背景、过程、影响等角度进行比较，掌握比较的基本方法。同时从对比中引导学生学习航海家不畏艰险、勇于探索的精神。通过层层深入的引导分析，重难点知识的掌握就水到渠成了。

设计意图：由浅到深，层层分析，符合学生的认知规律。从多角度、辩证地看待问题以及多元化史观的评价，教给学生评价历史事件、历史现象的方法。比较法是历史学习的基本方法之一，采用比较法教学可以让学生对事物的认识更加清楚，对事件的理解更加深刻。

小结：升华——放飞梦想

这样的设计是为了突出情感教育。这一部分寻求历史与现实的结合点，主要是通过知识小结，回顾欧洲人的东方梦，引出中国梦，再到学生的梦想。通过开放式的题目，让学生畅所欲言，在学生的讨论中注意引导每个人都要有梦想，不管梦想是大是小，谁有梦想都了不起。为了实现梦想，就要不断地努力。让学生在交流中增强对国家、民族的历史使命感和民族责任感，从而实现历史教育的真正价值。

【教学反思】

亮点：

（1）能够有效整合教材。本课以"昨日重现""始末由来""万事俱备""蝴蝶效应""答疑解惑"五个环节为主线，打破原有体系，层层深入，环环相扣。关注材料和演说，对材料的运用可以培养学生从材料中提取有效信息解决历史问题的能力，养成论从史出的历史思维。通过课堂上的演说也提高了学生的语言表达能力。学生的学习主体地位与教师的指导点拨都得以较好地发挥出来。

（2）能够有效掌握重难点知识。由浅到深地分成四个层次来掌握，引导学生多角度、辩证地看待问题，初步掌握多元化史观的评价方法；并通过对东西方航海史上壮举的比较，更加深入地理解新航路开辟的重大意义。

（3）注重德育渗透，在情感态度、价值观的培养上，围绕梦想与学生进行对话，把历史和现实联系起来，避免空洞的说教。这是一种润物细无声的情感熏陶，让学生树立自己的梦想，做一个坚定的追梦人。

不足之处：

由于录课时间的限制，导入环节没能使用最新的"双十一"的视频材料，留下了一些遗憾。

统编版《中外历史纲要·上》第18课 《挽救民族危亡的斗争》教学设计

【设计理念】

根据高中历史2017年版相关规定的相关要求，确定本课教学理念为：

一是注重"立德树人"导向。通过学习，使学生能够从历史的角度考察国家命运和世界发展，形成现代公民应有的历史素养和国家认同；并在唯物史观的指导下，对人类历史发展进行科学阐释，将正确的思想导向和价值判断融入对历史的叙述和评判中。

二是注重学科核心素养的培养。从知识上讲，在理清近代中国列强侵华、国人抗争的时空线索基础上，引导学生通过史料实证，运用唯物史观分析评价八国联军侵华、资产阶级维新派探索、义和团民众抗争的史实，做出正确的历史解释，并在此过程中体悟先烈们的抗争精神，树立自强不息的情怀，凸显历史学科的人文价值；从方法上讲，通过教师提供新史料、创设新情境，在以学生为主体的探究过程中，逐步形成具有历史学科特征的关键能力、必备品格与价值观念。

三是注重深度学习方法的探索。深度学习就是在教师的引领下，学生围绕具有挑战性的学习主题，积极参与、体验成功、获得发展的学习过程。通过深度学习方法的探索，努力探索教学规律，促进学生核心素养的发展，并将课堂活动从以知识为主线的学习翻转为以问题为主线的学习，从先学后用的学习翻转为学用合一的学习。

【教材分析】

从教材线索构建看，教材内容按时序演进，知识间联系密切，单元间知识有承继和铺垫的关系，这无形中理清了一条学习历史的"主线"。基于此，本课设计应着重讲清两条历史线索、一个现实意义：线索一是列强侵华步步紧逼；线索二是国人抗争和探索步步深入。在理清这两条线索的过程中，引导学生体悟先烈们的抗争精神，树立自强不息的情怀，增强对党、民族、国家的认同。

从教材整体架构看，本课具有"承上启下"的地位。甲午中日战争中国战败，日本从《马关条约》中获取了大量利权，这就刺激列强掀起了瓜分中国的狂潮，造成民族危机空前严重，迫使中国社会各阶级通过不同方式试图挽救民族危亡。其中，以康有为、梁启超为代表的资产阶级维新派，依靠光绪帝展开了一场自上而下的政治改良运动——戊戌变法，但最终被当权的守旧势力镇压；以农民阶级为主力的广大群众掀起了一场自下而上的反帝爱国运动——义和团运动，提出的"扶清灭洋"口号带有明显的指向性，却失败于中外反动势力的联合绞杀。随即，八国联军侵华和《辛丑条约》的签订，最终使中国完全陷入半殖民地半封建社会的深渊。当时，"东南互保"局面的出现，严重动摇了清政府统治的根基，而清政府统治危机的加深，极大地推动了资产阶级民主革命的发展。

【学情分析】

授课对象是高一入学9—10周的学生，对高中生活基本适应，但心智还不能完全以高中生标准衡量。学生正处于从记忆型学习向理解型学习转变的过程，初步具备了基本的历史思维和素养，并具有一定的课堂主体意识，对教师提出的探究性问题能积极思考、回答。

本课内容在初中部编版八年级上册第二单元第6、7课有所涉及，作为中考的重点内容，学生掌握情况较好，对中华民族遭受的屈辱容易感同身受，对中国军民的抗争也有代入感，这就容易形成学生课堂学习或课后探究的兴趣点、关注点。但学生对19世纪末20世纪初民族危机的认识、对不同阶级采取不同救国方式的原因的理解、对这些救国方式的分析评价，还存在一定困难，毕竟历史离他们的现实生活有一定距离，他们也尚未熟练掌握基于唯物史观的辩证分析方法。

【教学目标】

知识目标：

能够概述资产阶级维新派救亡图存的努力，认识其历史意义及局限性；能够认识义和团抗争的历史背景及价值，并辩证分析其局限性；能够了解八国联军侵华的史实，认识《辛丑条约》的危害及其造成的影响。

学科素养目标：

（1）进一步熟悉唯物史观，尝试运用辩证法分析戊戌变法及义和团运动的进步性与局限性。

（2）借助史料，增强获取和解读信息（史料实证）的能力和结合所学知识做出历史解释的能力。

（3）借助时空观念，构建出近代中国"列强冲击——民族危机加深——抗争"的知识线索。

（4）感悟爱国主义精神，并将近代国家屈辱与先进国人探索救国道路联系起来，思考个人成长之路，形成对国家、民族的认同（家国情怀），自觉践行社会主义核心价值观。

【教学重难点】

教学重点：戊戌变法的背景及历史意义；义和团运动的背景、特点及失败原因；八国联军侵华的史实及《辛丑条约》的危害。

教学难点：认识19世纪末20世纪初民族危机加深的根源；不同阶级采取不同救国方式的原因；辩证分析戊戌变法和义和团运动。

【设计思路】

本课以"知识分子的革故鼎新——小生产者的义愤爆发——民族危机的空

前加深"为主线，串起戊戌维新运动、义和团运动、八国联军侵华、东南互保和《辛丑条约》等内容。围绕以问题为主线的学习主题，将学科核心素养的培养贯穿于教学设计全过程。从"知识分子"到"小生产者"，围绕民族精神的主线，培养学生对国家、民族的历史使命感和社会责任感，厚植爱国主义情怀。

【教学方法】

基于以上的教学设计思路，我采取的教学方法有：

一是讲授法：通过叙述、描绘、解释、推论，引导学生分析和认识问题；通过对地图的展示和时间的梳理，培养学生的时空观念核心素养。

二是情景教学法：运用文字、表格、图片等史料，创设情境，引导学生探究；通过对史料的引用，使学生形成论从史出、史论结合的能力。

三是问题教学法：通过设计多层次、多形式的探究问题，推动教学层层深入；通过唯物史观的科学研究方法，正确评价特定历史条件下的事件和人物，发展学生史料实证和历史解释的核心素养。

四是合作探究法：针对重难点问题，采用分组讨论的方法，引导学生合作探究，了解在民族危亡之际，一些先进的中国人为挽救民族危亡所做的努力以及他们表现出的不屈不挠的奋斗精神和爱国主义情感，以培养学生的家国情怀核心素养。

【教学过程】

新课导入（用时2分钟）

教师首先从课题关键词"民族危亡"切入，解释其含义为国家、民族接近于灭亡的危急局势。接着点明甲午中日战争中国战败，是中国近代化进程中遭遇的一次痛彻骨髓的打击，也是中国现代民族精神成长的崭新起点。当日本逐步走上穷兵黩武道路的时候，中国人也开始了自己艰难的寻路之旅。正是从这一刻起，民族要复兴、国家要崛起的梦想，开始在亿万同胞心灵深处酝酿生产，壮怀激荡。甲午战败使许多志士仁人意识到中华民族到了生死存亡的危急关头，成为中国近代民族意识和政治变革思潮演变的一个重要转折点，并宣告了以"器物变革"为特征的洋务运动的失败。从此，中国进入了以政治制度变革为主流的新时期。1898年6月，以康有为、梁启超为代表的维新派发动的维新变法运动，1899年农民阶级掀起的义和团运动，都是因甲午战败而引发的一轮轮海啸。

设计意图： 以名词解释的方式直奔主题，同时注意承上启下、温故知新的逻辑思维，引导学生用短近的眼光来看，甲午战争对中国似乎只是一场备受屈辱的悲剧；但以长远的眼光来看，却又是一个新的起点。通过设问：面对列强的挑战，中国社会各阶级为挽救危局做出了哪些努力？结局如何？是否挽救了民族危亡？又有哪些贡献与局限？进一步激发学生的思考。

环节一：知识分子的革故鼎新——变法图存（用时15分钟）

为了从更广阔的视角观察问题，构建时空观念核心素养，教师引导学生放眼世界：19世纪后期，俄国农奴制改革、日本明治维新、德国完成铁血统一、法国确立共和制，使资本主义发展成为时代的主流。再看19世纪末的中国："俄北瞰，英西睒，法南瞵，日东眈，处四强邻之中而为中国，岌岌哉"，列强环伺使中华民族危机不断加剧。为了挽救民族危机，资产阶级维新派掀起了自上而下的戊戌维新运动，昭示着中国在探索救国之路上迈上了新台阶，开启了政治近代化的探索。在中外局势对比的基础上，联系中国以往救亡图存道路的探索，生成思考点。

问题1："维新"释义为反对旧的、提倡新的，通常指变旧法，行新政。那么，历史学家为什么会把戊戌维新运动定位为挽救民族危亡斗争的新阶段？

设计意图： 在资产阶级民主革命的时代潮流下，农民阶级与地主阶级自身的局限性决定了他们已无法完成历史提出的新任务，挽救民族危机的斗争需要代表时代发展方向的新的阶级力量充当领导者，从而在理解时代潮流的前提下，以唯物史观为指导，对人类历史发展进行科学阐释，将正确的思想导向和价值判断融入对历史的叙述和评判中。

1. 公车上书——拉开序幕，自下而上推变法

为了引发学生的思维动力并解读"新阶段"的内涵，教师从康有为的《孔子改制考》、梁启超的《变法通议》、严复的《天演论》入手，通过三则材料，让学生思考：在晚清危局下，何以救国？资产阶级维新派从哪些角度论证了变法的必要性？除了著书立说，他们还采取了哪些措施为变法造势？通过这些设问，引导学生概括并了解维新运动兴起与发展的史实，感受维新派面对民族危亡发出的时代强音、所体现的责任担当。

在学生阅读和思考过程中，教师启发学生深度学习和解决问题的视角：（见下表）

视角一	新境遇的创新探索	民族国家的沦落催化了维新思潮发酵蒸腾
视角二	新思想的深层发展	集权政治的僵化催化了体制改良强烈忧患
视角三	新力量的不断增长	洋务新政的破产催化了变法团体凝聚汇合

从以上三个视角深刻理解"公车上书"揭开了维新变法运动的序幕，使救亡图存从思想理念发展为政治运动，从道路探索发展为救亡风潮，从师夷长技发展为维新变法。

设计意图：围绕维新变法的背景，从新境遇、新思想、新力量三个方面，引导学生从唯物史观视角，深刻理解维新变法运动作为挽救民族危亡斗争新阶段的必然性，从而加强对学生唯物史观核心素养的培养。

2. 定国是诏——变法开幕，自上而下变成法

基于学生对维新变法背景及前期活动的探究，为了进一步认识维新变法的革故鼎新，教师通过颁布新法与改革旧制的对比，理解维新变法鲜明的时代烙印；再从变法主要内容与康有为上清帝第四书对比，思考二者内容的异同，为变法失败的原因分析埋下伏笔。

问题2：冯天瑜在《中华文化史》中写道：戊戌变法是一场肤浅的、短命的政治革命，但又是一次深刻的、意义深远的思想启蒙，救亡和启蒙的相互交织，爱国与变革的双重变奏。如何理解这一论断？

设计意图：呈现戊戌变法运动的结局，让学生的视线从公车上书和定国是诏顺势转向戊戌政变、维新谢幕的现实困境，从而从唯物史观视角对这些努力难以成功做出合乎逻辑的历史解释。

3. 戊戌政变——维新谢幕，爱国启蒙促觉悟

首先，引导学生对相关材料甄别进行解读。

材料一：

维新志士们大多是青年士人，为国家民族之救亡图存大业挺身而出，以天下为己任，但未能走入民间获得大众的支持和力量，缺乏足够的社会支援。它是一场准备很不充分的政治运动。……百日维新的新政诏书连篇频发，然其在实践中却常常被化为无形，很多内容只是流于表面粉饰而无实效。各部堂官、各省督抚都持观望、延宕、抵制态度，拒不奉诏。光绪皇帝严责守旧大臣的诏令也达十多次，并采取了相应措施，力求有所推动。

——王先明《中国近代史》

通过引导学生对史料进行阅读、思考，根据有效信息分析资产阶级自身的软弱性和妥协性：维新派既没有真正的实力，又脱离群众，仇视农民革命；未从根本上否定封建制度，甚至把希望寄托在代表封建势力的帝党官僚身上；对外国侵略者的本质缺乏深刻认识，甚至还抱有幻想。再加上以慈禧为代表的顽固势力的强大，最终戊戌变法只能是一场肤浅的、短命的政治改革。教师归纳总结戊戌变法失败的原因，进而激发学生深层思考：如何才能救国，怎样才能复兴？

接着，教师继续提供材料。

材料二：

戊戌维新之可贵，在精神耳；若其形式，则殊多缺点……若其精神，则纯以国民公利公益为主，务在养一国之才，更一国之政，采一国之意，办一国之事。盖立国之大原，于是乎在，精神既立，则形式随之而进。虽有不备，不忧其后之不改良也，此戊戌维新之真相也。戊戌维新，虽时日极短，现效极少，而实二十世纪中国开宗明义第一章也。

——梁启超《康有为传》

材料三：

一批一批的中国人接受了进化论，一批一批的传统士人在洗了脑子之后转化为或多或少具有近代意识的知识分子。就其历史意义而言，这种场面，要比千军万马的厮杀更加惊心动魄。

——陈旭麓《近代中国社会的新陈代谢》

设计意图：通过对历史当事人的叙述以及历史学家的评价等史料的据证辨析，不仅达成对教材论述的认可，获得生成性的历史感悟，而且为接下来的深入分析提供思维切口。

在学生充分讨论和交流之后，教师因势利导，从思维方法角度提出深度分析的建议：

首先，启发学生要敏锐地定格"题眼"指向——"救亡和启蒙，爱国与变革"。

其次，提醒学生要从史料中发现关键的要素——"救亡和启蒙，爱国与变革"。

再次，引导学生要从重大举措入手分别论证——"救亡和启蒙，爱国与变革"。

最后，鼓励学生要在论证过程中的表述逻辑——"救亡和启蒙，爱国与变革"。

教师总结：首先，戊戌维新运动是一次爱国救亡运动。维新派在民族危亡的关键时刻，高举救亡图存的旗帜，要求通过变法，发展资本主义，使中国走上富强的道路。他们的政治实践和思想理论不仅贯穿着强烈的爱国主义精神，而且推动了中华民族的觉醒。其次，戊戌维新运动是一场资产阶级性质的政治改革运动。维新派要用君主立宪制取代君主专制，其若干措施在政治、经济等领域冲击了封建制度。再次，戊戌维新运动更是一场思想启蒙运动。维新派大力传播西方政治学说，宣传天赋人权、自由平等观念，批判封建君权和纲常伦理，有利于民主思想的传播。

设计意图：在引导学生运用史料进行历史解释、审辨思维的基础上，从史学思想方法和缜密论证的高度，培养学生在审题中捕捉"题眼"、在阅读中寻觅"论据"、在分析中聚焦"核心"、在表达中关注"逻辑"的深度学习意识，进而内化史料的证史价值和实证方法，同时体悟在民族危亡之际，维新派的政治实践和思想理论体现了强烈的爱国主义精神，从而加强对学生家国情怀的培养。

环节二：小生产者的义愤爆发——扶清灭洋（用时8分钟）

为了从环节一自然进入环节二，教师可以从甲午中日战争与《马关条约》的签订入手，强调甲午战败不仅刺激了上层爱国知识分子的觉醒，同样刺激了下层小生产者的反抗，农民阶级构建了通过暴力革命图存的梦。

问题3：面对中华民族空前危机，作为社会下层的广大农民有何反应？如何理解"扶清灭洋"？如何评价义和团运动？

学生通过初中教材对义和团运动有相当程度的认知，基于微观叙事和深度分析的需要，教师分门别类地为学生提供相关材料。例如：《义和团揭帖》和《义和团运动形势图》；慈禧态度的转变："剿""抚""灭"的多道《上谕》；"扶清灭洋"旗帜、义和团士兵、东交民巷使馆界等老照片。并从《义和团揭帖》入手，层层设问：揭帖中反映"灭洋"的句子有哪些？这反映了什么矛盾？相较于义和团的"扶清"，清政府对义和团的态度如何？义和团运动存在怎样的局限性？

教师通过引领学生解读"扶清灭洋"口号，探究义和团运动兴起的背景，从而理解"扶清灭洋"是民族危机刺激下的灭洋意识、民教冲突下的排外情绪、列强经济侵略下的顽强抵抗、洋教西学冲击下的文化自卫。这一口号在体现中华民族与帝国主义矛盾尖锐的同时，也反映出落后的小农思想具有盲目排外的片面性和对清政府的本质缺乏正确认识。

设计意图：通过史料、图片等资料创设情境，从高处把握历史概况，在阅读归纳中发掘知识间的逻辑关系，在多种材料信息的深度发掘和解读中，引导学生多角度分析问题，使学生明确清政府和列强对义和团的态度：从"不逞之徒"到"国家赤子"再到"一枚弃子"，认识农民阶级不能认清清政府阶级本质的愚昧性、不能正确区分侵略与文明的落后性、最后被中外反动势力联合绞杀的悲剧性。进而再次激发学生深层思考：如何才能救国，怎样才能复兴？在培养学生史料实证素养的同时，进一步增强家国情怀核心素养。

农民阶级通过革命争取民族独立的梦也破碎了，但其体现出的爱国主义精神却是一种永恒的打动人心的力量，这种悲壮迫使列强改变了侵华方式，从武力瓜分到"以华治华"。教师提供材料：

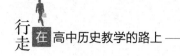

材料一：

我们不能因为它是爱国行动就不指出那些消极落后甚至愚昧荒唐的东西，正如不能因为它存在那些消极落后的方面便不敢肯定它是一场反帝爱国运动一样。

——金冲及《二十世纪中国史纲》

材料二：

万千来自下层社会的人们汇聚在神道观念之下，手执引魂幡、混天大旗、雷火扇、阴阳瓶、九连环、如意钩、火牌、飞剑，勇敢地对抗帝国主义的火炮快枪，在这个过程中，愚昧会升华为悲壮。

——陈旭麓《近代中国社会的新陈代谢》

材料三：

中国人民"含有无限蓬勃生气"，"无论欧美日本各国，皆无此脑力与兵力可以统治此天下生灵四分之一"，"故瓜分一事，实为下策"。

——德军统帅瓦德西给德皇威廉二世的报告

设计意图：通过历史学家的评价及当事人的报告，突出爱国主义是中华民族精神的核心，义和团运动是中国人民郁积多年反抗列强侵略义愤的总爆发，其英勇斗争客观上打乱了列强瓜分中国的图谋，以此激发学生的爱国情感。

环节三：民族危机的空前加深——庚子国难（用时15分钟）

1900年，八国联军以镇压义和团运动为借口，悍然出兵中国。他们烧杀抢掠，犯下了滔天罪行。这一年是中国旧历"庚子"年，故称之为"庚子国难"。那么真是义和团的"灭洋"行动引发了八国联军侵华，造成"庚子国难"的吗？提出设问，从而实现环节二到环节三的过渡。

1. 列强开战、京津沦陷、慈禧西逃、庚子国难

教师通过呈现图示的方式，梳理清政府、义和团、八国联军之间的关系；通过八国联军侵华重大事件的图片及形势图展示，梳理战争经过。同时，以大时空的视角回顾19世纪末的世界和中国，引导学生深入分析：第二次工业革命推动列强进入帝国主义阶段，它们资本输出、瓜分世界，中国是列强瓜分的重要目标，不可能独善其身。所以，八国联军侵华是帝国主义扩张的必然结果；义和团运动是列强扩大侵略的借口；"庚子国难"是帝国主义列强侵华的结果。

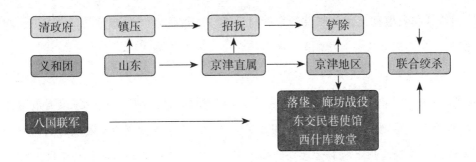

设计意图：通过探究问题，认清历史事件发生的必然性和偶然性，掌握运用唯物史观分析历史事件的方法；在中外联系的大空间的检索萍踪中涵养时空意识。此外，八国联军侵华的过程作为基本史实，也是"史料"的一种。本设计旨在落实基础知识的同时，让学生"身临其境"，形成时空观念，感悟当时中国遭受的屈辱，进而培养自强不息、为国奋斗的精神。

2. 东南互保、中央式微、地方扩张、根基动摇

八国联军占领北京后，继续侵略其他地方，烧杀抢掠，无恶不作；俄军趁机侵占中国东北。南方各省督抚与英美等国洽商"东南互保"协议，严重动摇了清政府统治的根基。

本着"论从史出"和"史论结合"的学习原则，教师出示有关"东南互保"的材料：

材料：

"东南互保"是中国近代史上的重大历史事件之一。对此可谓众说纷纭。20世纪80年代前，人们较多认为它是"一幕丑剧"，是"对帝国主义妥协投降"的"卖国罪证"；80年代后，世人对其积极性和合理性才有了初步认识，提出了不少颇有见地的观点。如"东南互保"是"张之洞等地方大吏对西太后及其顽固派盲目排外政策的抵制""是以保全清室统治而又不得罪帝国主义为前提的""是一种妥协苟安的曲线自救之策，是一种均势思想指导下的以夷制夷政策""具有维护国家大局的深层含义"。"东南互保"是在长江流域面临列强侵略之际，为"保守疆土"所做的努力，并通过条约的方式，在一定程度上抵制了列强的侵略等。

——李鹏军《东南互保新探》

问题4：根据上述材料并结合教材论述，谈谈你对"东南互保"的认识，自拟题目写一篇不少于200字的历史小论文。（课后作业）

设计意图：创设新的学习情景，转变学生的思维和行为方式，在问题驱动下，围绕"东南互保"的内容和影响，参照相关思考角度、评价维度开展自主合作学习，尝试在探究特定历史问题时，自主搜集有关史料并对史料进行辨析和互证，在正确的历史观和方法论的指导下，全面、客观地评述历史和现实问题。

3. 辛丑悲剧、以华治华、半殖半封、陷入深渊

为了拓展学生思维并加深对"《辛丑条约》的签订标志着中国完全陷入半殖民地半封建社会的深渊"的理解，教师借助表格对《马关条约》与《辛丑条约》的内容进行对比；通过对《辛丑条约》内容和危害的分析，加强学生对中国半殖民地化加深具体体现的认知，理解清政府彻底沦为"洋人的朝廷"后，"改良"渐成过去，"革命"风起云涌，推翻清政府已成时代潮流，中国革命即将进入一个新的阶段，真正意义上的民族民主革命即将开始。从而为下一单元《辛亥革命与中华民国的建立》的学习做好铺垫。

教师小结：甲午战后，相当多的中国人痛感中华民族被逼到生死存亡的关头，"救亡"开始成为时代主题。为了把祖国从危难中拯救出来，上层士大夫曾发动戊戌维新运动，下层民众掀起了义和团运动，但都以失败告终。紧跟而来的八国联军占领中国首都，这对国人来说是何等的奇耻大辱。难道中国真的难逃灭亡的命运吗？面对如此严峻的局势，有志气的中国人并没有丧失自尊和自信，没有因此消沉下来，而是继续苦心焦虑地寻求救国救民的答案，努力从一片黑暗的处境中为中国打开一条新的出路。正如鲁迅先生所说：我们自古以来，就有埋头苦干的人，有拼命硬干的人，有为民请命的人，有舍身求法的人，这就是中国的脊梁。

设计意图：通过小结回顾梳理本课线索，并引用名人名言，使学生认识到中华民族能够生生不息、延绵不绝的主要原因，就是在任何时候，都有先进的中国人为了国家和民族的利益，甘愿付出自己的一切，这些人就是"中国的脊梁"。以此激发学生的爱国情怀，同时引起其对国家前途命运的担忧，并为下一单元的学习做好铺垫。

【教学评价】

评价项目	评价标准	等级			
		A优秀	B良好	C合格	D不合格
目标性评价	知识目标：能够概述资产阶级维新派救亡图存的努力，认识其意义及局限性；能够认识义和团抗争的背景及价值，并辩证分析其局限性；能够了解八国联军侵华的史实，认识《辛丑条约》危害及其造成的影响 能力目标：结合史料，阅读和分析史料的能力、问题探究和合作学习的能力、辩证思维的能力 核心素养目标：熟悉唯物史观、时空观念，增强史料实证和历史解释的能力，感悟爱国主义精神，并将近代国家屈辱与先进国人探索救国道路联系起来，思考个人成长之路，形成对国家、民族的认同，自觉践行社会主义核心价值观				
过程性评价	认真听讲，积极思考，参与讨论和小组合作，能够提出和回答问题				
结果性评价	根据教师提供的相关材料并结合所学知识，就你对"东南互保"的认识，自拟题目，写一篇不少于200字的小论文				

【板书设计】

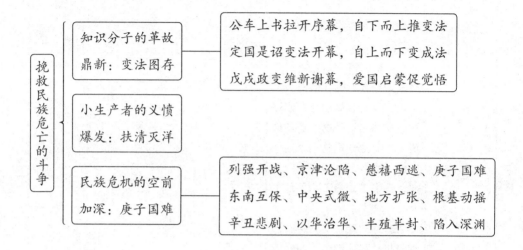

挽救民族危亡的斗争

知识分子的革故鼎新：变法图存 —— 公车上书拉开序幕，自下而上推变法
定国是诏变法开幕，自上而下变成法
戊戌政变维新谢幕，爱国启蒙促觉悟

小生产者的义愤爆发：扶清灭洋

民族危机的空前加深：庚子国难 —— 列强开战、京津沦陷、慈禧西逃、庚子国难
东南互保、中央式微、地方扩张、根基动摇
辛丑悲剧、以华治华、半殖半封、陷入深渊

【教学反思】

亮点：一是学科核心素养培养贯穿于教学设计全过程。课程结构的设计、课程内容的选择、课程的实施，都贯穿着培养学生核心素养这一任务；二是注重德育教育在课堂教学中的有机渗透。在情感态度价值观的培养上，以民族精神为主线，从"知识分子"到"小生产者"，围绕着民族精神的主线，培养学生对国家、民族的历史使命感和社会责任感，厚植爱国主义情怀；三是积极探索深度学习的有效途径。在教师引领下，围绕以问题为主线和学用合一的学习主题，努力营造让学生全身心积极参与、体验成功、获得发展的有意义的学习过程。

不足之处：由于课堂时间有限，本课内容、环节设计还是多了一些，导致学生讨论后分享成果的时间不够，很多学生未获得表达机会，留下了遗憾。所以，在今后的教学中，还要进一步研究学情，完善探究问题的设计，精选史料，整合教材，努力践行探究型学习方式和评价机制，将教、学、评有机结合，培养学生的创新精神和实践能力。

后 记

　　经过一年多的筹备和审读，这本书稿终于要和大家见面了。由于是第一次编著图书，缺乏经验，也不了解相关的编写要求，所以在稿件的选择和组稿方面花费了一定的时间。非常感谢编辑老师提出的宝贵意见和辛勤付出，才确保书稿能够顺利付印出版。

　　迟习军老师作为一名有三十多年教龄的老教师，带过二十多届高三毕业班，拥有丰富的课堂教学和备考复习经验。特别是他在论文撰写、课题研究、专题讲座、承担示范课等方面做出的努力和取得的成绩，为年轻教师的专业成长树立了榜样。自2016年自治区迟习军高中历史教学能手培养工作室成立以来，在迟老师的指导和督促下，包括我在内的全体工作室成员在教育教学和专业成长方面都取得了一定的成绩。本书中的一些篇目就是在这个时期写成的。

　　由于文稿是我们在多年的教学实践过程中陆续写成的，高中历史教材也经历了多次变化，所以我们提出的一些教学方法、学习方法，包括提供的教学设计难免存在疏漏之处，恳请各位读者批评指正。

　　再次感谢编辑老师的付出和努力，感谢和我们共同奋战在高中历史教学一线的同仁，感谢历史教研组和工作室全体成员的大力配合与支持。

李荣

2023年8月21日